やさしいスチューデントトレーナーシリーズ
6

スポーツ指導論

社団法人
メディカル・フィットネス協会 監修

三村寛一 編
野中耕次
仲田秀臣
池谷茂隆
佐藤光子
前田 茂
鳥嶋勝博

嵯峨野書院

監修にあたって

　文部科学省では，平成6年度より日本体育協会公認の「アスレティック・トレーナー」の資格認定試験を行っております。現在，約500名がこの資格認定者として活躍していますが，資格取得の合格率は20％前後と低く，難易度が高いものであります。

　そのため，メディカル・フィットネス協会は，多くの地域スポーツ現場で活躍する人材を育成するため，また，アスレティック・トレーナーを取得するための基礎的な知識として「スチューデントトレーナー」という資格認定制度を作成しました。メディカル・フィットネス協会認定スチューデントトレーナーとは，スポーツトレーナーとしての専門的な知識，技術を習得した指導者に与えられる資格であり，トレーナー活動を通じて幅広くスポーツ選手のサポートをするのに必要な資格といえます。

　本書は，スチューデントトレーナー認定試験の内容に準拠し，それぞれの分野に精通しておられる大学教授の先生方に編集をお願いし，①スポーツ社会学，②スポーツ心理学，③スポーツ生理学，④スポーツ医学，⑤スポーツ栄養学，⑥スポーツ指導論，⑦アスレティック・リハビリテーション，⑧コンディショニング，⑨テーピング，⑩スポーツ傷害と応急手当の全10巻に取りまとめたものです。

　21世紀は予防医学，健康管理の時代であり，メディカル・フィットネス協会はこの課題に対し，現在，①市町村，職場，学校等の健康増進プログラムに対するサポートとしての「健康支援事業」，②健康ケアトレーナーおよびスチューデントトレーナーの資格認定などを行う「教育事業」，および③社会人・大学・高等学校・中学校等のスポーツ系クラブへの指導者の派遣などを行う「スポーツ事業」を，特に健康づくりと支援体制に必要な人材養成を重点的に推進しています。

　最後に本書がこれらの方々に広く活用され，スポーツの発展に役立てられることを期待しています。

2002年4月1日

社団法人 メディカル・フィットネス協会

は じ め に

　スポーツは人生をより豊かに，より充実したものとするとともに，ヒトの身体的・精神的な充実を図る世界共通の文化の1つとして取り上げることができる．すなわちスポーツ活動は，身体を動かすというヒトの本質的な欲求に応えるとともに爽快感・達成感・連帯感などの精神的充足をもたらし，さらには，体力の向上，精神的ストレスの解消および生活習慣病の予防など，心身両面にわたり健康の維持・増進を促すものである．そのため指導者およびトレーナーは，各個人が健康の維持・増進やスポーツ活動を効果的に行えるよう，正しい知識を習得するとともに効率の良い指導計画作成の技術を習得する必要がある．

　本書は6つの章によって構成されている．第1章では，スポーツ活動現場における指導者が理解しなければならないスポーツおよびその指導法の重要性と，スポーツ指導者がたえず認識すべき目標について記した．第2章では，年間のトレーニングの指導計画についての基礎知識，トレーニングの様式，さらには休息期の重要性について示した．第3章では発育・発達および加齢に伴う老化など，身体的発達の特徴ごとに段階を設定し，適切なトレーニング指導について学習させるとともに，練習段階における分類を行い具体的な例を挙げ説明した．第4章では，指導形態について集団・グループ・個人などに分類し，その際の指導方法および適切な指導人数について示した．第5章では，スポーツ活動現場における環境の設定，スポーツ施設の選択と現状，および安全で効率よくスポーツが行えるための用具の準備などについて指導者の立場から論の展開を行った．第6章では，スポーツ指導カリキュラムについての基礎知識を示すとともに，具体的な指導案を挙げ，その内容について説明を施した．

　本書は「スチューデントトレーナーシリーズ」全10巻のうち，スポーツトレーナーとして指導方法についての基本的知識を習得させるだけでなく，実際の指導現場における指導案作成のためのさまざまな方法について取りまとめたものである．

　本書がスポーツトレーナーとして「スポーツ指導論」を学ぶ上で，楽しく分かりやすく学習できる手助けになれば幸いである．

2002年4月1日

三　村　寛　一

● 目　　次 ●

監修にあたって ……………………………………………………………… i
はじめに ……………………………………………………………………… iii

第1章　スポーツ指導の意義と目標　　1

1 スポーツ指導の意義 …………………………………………………… 1
　　（1）　スポーツ指導の意義　(1)
　　（2）　スポーツ指導の役割　(4)
　　（3）　スポーツ指導の基本　(5)

2 スポーツ指導の目標 …………………………………………………… 10
　　（1）　成長期の子どもたちの健全な発育・発達への援助　(11)
　　（2）　技能向上への努力　(12)
　　（3）　スポーツを楽しむ価値観の普及　(13)

3 スポーツ指導の種類 …………………………………………………… 15
　　（1）　レクリエーションとしてのスポーツ指導の留意点　(17)
　　（2）　健康・体力づくりとしてのスポーツ指導の留意点　(20)
　　（3）　地域クラブでのスポーツ指導の留意点　(21)

ま　と　め …………………………………………………………………… 24

第2章　トレーニング計画とその様式　　25

1 トレーニング計画 ……………………………………………………… 25
　　（1）　ピリオダイゼーションの概念　(25)
　　（2）　ピリオダイゼーションにおけるサイクル　(26)

2 トレーニングの様式 …………………………………………………… 33
　　（1）　柔軟性トレーニング　(33)
　　（2）　レジスタンストレーニング　(35)
　　（3）　代謝系トレーニング　(40)
　　（4）　スピードトレーニング　(43)

3 超回復と休息 …………………………………………………………… 45

（1）　超回復　　（45）

　　　（2）　筋量増加のメカニズム　　（46）

　　　（3）　休息時間の重要性　　（46）

　　ま　と　め …………………………………………………………………49

第3章　指導段階とその設定　　50

　1　指導段階の意味 ……………………………………………………………50

　2　一般的指導段階の設定 ……………………………………………………50

　　　（1）　身体的発達の特徴　　（50）

　　　（2）　スポーツの種目の技術構造からの分類　　（53）

　　　（3）　練習方法による分類　　（53）

　　　（4）　ねらいとする体力の分類　　（54）

　　　（5）　トレーニングの原則　　（55）

　　　（6）　体力トレーニングの基本原則（運動処方）　　（56）

　　　（7）　指導段階での安全性　　（56）

　　　（8）　ウォーミングアップとクーリングダウンの必要性　　（57）

　3　スポーツ種目の特性に応じた段階指導 ……………………………………57

　　　（1）　グリップの握り方　　（58）

　　　（2）　ラケットでボール扱いに慣れる　　（59）

　　　（3）　フォアハンド・ストロークとバックハンド・ストローク　　（59）

　　　（4）　フォアハンド・ボレー，バックハンド・ボレー　　（60）

　　　（5）　サービス　　（60）

　　　（6）　スマッシュ　　（60）

　　　（7）　その他　　（60）

　4　イベントの参加をめぐる指導 ……………………………………………60

　　ま　と　め …………………………………………………………………62

第4章　指導形態と適正人数　　63

　1　指導形態 ……………………………………………………………………63

　　　（1）　一斉指導　　（63）

　　　（2）　班別指導　　（64）

（3）グループ指導　（65）

　　　（4）個別指導　（67）

　2 適正な指導人数とは ……………………………………………………68

　　　（1）種目特性の面から　（68）

　　　（2）施設，用具の面から　（71）

　　　（3）安全面から　（72）

　　　（4）指導者数から　（73）

　ま　と　め ……………………………………………………………………75

第5章　指導施設の選択と用具の準備　　76

　1 地域スポーツ環境の現状 …………………………………………………76

　　　（1）地域におけるスポーツ活動組織の必要性　（76）

　　　（2）地域のスポーツクラブの現況　（77）

　2 総合型地域スポーツクラブ ………………………………………………78

　　　（1）総合型地域スポーツクラブの特徴　（78）

　　　（2）総合型地域スポーツクラブの意義　（79）

　　　（3）総合型地域スポーツクラブの育成・定着のための方向　（80）

　3 スポーツ施設 ………………………………………………………………81

　　　（1）スポーツ施設の状況　（81）

　　　（2）スポーツ施設の整備　（81）

　　　（3）公共スポーツ施設の有効活用　（82）

　4 スポーツ指導における施設の選択 ………………………………………82

　　　（1）スポーツ指導のための施設環境について　（82）

　　　（2）スポーツ種目特性に合った指導施設の選択　（84）

　　　（3）スポーツ活動の安全性が高い指導施設の選択　（88）

　　　（4）スポーツ技術指導段階に合った指導施設の選択　（90）

　5 スポーツ指導用具とその準備 ……………………………………………91

　　　（1）スポーツ指導における用具の役割　（92）

　　　（2）スポーツ施設に必要な用具の準備について　（94）

　　　（3）個人の用具管理　（95）

　ま　と　め ……………………………………………………………………97

第6章　指導計画作成の実際　　98

■ 単元について ……………………………………………………………98
　（1）　単元計画作成の注意点　（98）
　（2）　単元計画の作成　（98）
　（3）　単元の展開（指導課程）　（99）
　（4）　単元計画案　（101）

■ 指導案 ……………………………………………………………………102
　（1）　指導案作成の注意点　（102）
　（2）　指導案の内容　（103）
　（3）　指導案の展開　（103）
　（4）　指導案の例　（105）

　ま　と　め ………………………………………………………………120

　重要語句集 ………………………………………………………………121

第1章 スポーツ指導の意義と目標

1 スポーツ指導の意義

(1) スポーツ指導の意義

1) 生涯スポーツの重要性から

　スポーツの語源は「遊び」「楽しむ」というディスポート（disport）であるといわれている。スポーツとは本来，身体を動かすことそのものを楽しむものであり，誰かに強制され与えられたものを単に受動的に行うものではない。いいかえれば，スポーツは「食べる」「眠る」といった，生きていくために必要な日々の営みと同じであり，私たちの人生をより豊かで楽しく送るためのすばらしい身体活動といえよう。

　スポーツは本来，私たちにとって身近な親しみやすいもののはずである。しかし，日本では明治以降の学校において，スポーツを体力づくりや教育の手段として行ってきた傾向が強くみられた。この一方で，はやくから欧米諸国では，スポーツは自らの意志で行い，自らが楽しむ「生涯教育」の一環として取り上げられてきた。近年になり，日本においても，行政政策のもとに「生涯スポーツ」の必要性が問われるようになり，だれもが各自の目的やレベルに応じて，さまざまなスポーツに容易に参加できるようになりつつある。これには単にスポーツを行う施設や器具の充実だけでなく，「レベルの高い指導者の育成」「スポーツ参加者の組織や集団の運営」「スポーツに対する正しい情報の提供」といったスポーツ活動を取り巻く環境の整備が求められている。中でも，スポーツ指導者の役割への期待は大変に大きなものといえよう。

　これまでのスポーツ指導者には，スポーツの技術を直接指導する「監督・コーチ」といったイメージが大変強くあった。しかし，これからの

スポーツ指導者には，スポーツの技術を直接指導するだけにとどまらず，「スポーツ参加者の組織や集団の運営」「スポーツに対する正しい情報の提供」「関連機関をリンクさせたスポーツイベントの企画」といった1人で担うには困難な幅広い役割が要求されている。今後のスポーツ指導の場においては，複数のコーチの採用やスポーツ参加者・保護者・援助者で役割を分担し，それぞれがスポーツ活動のリーダーとして連携し機能するような組織づくりが課題といえよう。

2） スポーツの効用から

近年の日本における急激な高齢化は，世界的に見ても特徴的な現象といわれている。このような急激な変化に対応しきれなかったしわよせとして，高齢者の医療費をまかなうために，国民全体の医療費負担が増大している。医療は私たちの生活にはなくてはならないものではあるが，健康で豊かな生活を営むことに積極的な役割をはたすものではない。健康は日々の努力によってのみ獲得できるものである。そのためにスポーツがあり，スポーツ活動を通じてこそ，日常の「自由」（自分の意志でやりたいことができる）が保障されるのである。現在，わが国では4人に1人は歩行運動やラジオ体操などを含めた，何かしらの身体運動を実施しているといわれている。スポーツ活動を，日々健康で自分の意志でやりたいことができるために必要不可欠な活動と捉えるならば，歩行運動やラジオ体操も立派なスポーツの実践といえよう。一方では，各種の競技会で競い，記録へ挑戦する「競技スポーツ」に取り組みトレーニングに情熱を燃やすプレーヤーたちも存在する。彼・彼女たちは，「より速く，より高く，より強く」とオリンピックにうたわれるスローガンのもと，フェアプレーが強く望まれる公正な競技を通して，身心ともに健康で優れた人間形成をめざしていることであろう。しかし，競技能力の向上に燃える彼・彼女たちの若いエネルギーが大きければ大きいほど，それを受けとめる立場にいるスポーツ指導者の責任も大変重いものといえる。スポーツ指導は，「競技スポーツ」を志す彼・彼女たちに，単なるスポーツ技術を習得させるためのものであってはならない。しかし，「勝利至上主義」にとらわれすぎた，プレーヤー不在の指導が招く「**燃えつき** | 燃えつき症候群

症候群」(バーンアウト)等が問題になっていることは事実である。これらは，一部の優れたプレーヤーに限ったものではない。スポーツへの関わり方は，競技者本人がその意義を見つけるものである。指導者は，彼・彼女たちの考え，性格，身体能力に応じた指導方法を選択しながら協同作業ですすめることが理想である。そのためにも指導者は，彼・彼女たちが「勝利」だけにとらわれず，純粋にスポーツを行うことを喜びに感じる「第1歩の成功経験」を援助する責任がある。これからの長い人生の中でスポーツとどう関わっていくかを左右する，若い人たちへのスポーツ指導は，「**生涯スポーツ**」への効用という観点からも意義あるものといえよう。

生涯スポーツ

3） 安全面から

　スポーツが，私たちの人生をより豊かで楽しく送るためのすばらしい身体活動とするならば，それは一過性のものではなく「継続する」ということが重要である。「勝利至上主義」に関しては，諸種の問題を含んでいるが，けっして勝利を目指して競技能力の向上に励む課程を否定するわけではない。スポーツ指導を通じて，プレーヤーが競技能力を向上させていく過程で出会うさまざまな困難は人間形成にも大きな働きかけをもたらすであろう。どんなに優れた才能の持ち主でも，その才能を開花させるには「スポーツの継続」なくしてはありえない。この「スポーツの継続」を困難にする要因として，「スポーツによる傷害や疾病」があげられる。スポーツ傷害は，「過度のトレーニング」「間違った危険な運動」「能力を超えた技術習得」などによって引き起こされることがある。特に成長過程にある子どもたちへのスポーツ指導，初心者や運動習慣があまりない人たちや体力的にもピークを過ぎた中高齢者へのスポーツ指導には，スポーツ指導者の正しい知識が要求される。幅広い年代の人たちがスポーツ活動に参加する機会が増加してきたということは，スポーツ指導者はその対象者に見合った「指導課程の作成」「指導方法の工夫」「正しい評価と意欲をもたせる働きかけ」を身につけておく必要があるということにほかならない。スポーツによる「傷害や疾病」は，十分な配慮を行ってもなくなるものではない。しかし，スポーツ活動に参加する人

たちがスポーツ活動をより長く「継続」していくために，正しい知識を伝達し，運動中の様子を客観的に見極める役目としてスポーツ指導者の必要意義がある。

(2) スポーツ指導の役割

健康の維持増進やスポーツ活動は，本来，各個人が自己管理のもとで実践することが理想であり，生涯を通じて行われることが望ましいものである。「スポーツ指導」はこの目標に向かってなされる必要がある。

しかしながら，指導を受けるとなるととかく受身になりがちで，スポーツ指導者も一方的に教える傾向が強い。このような指導では，各個人が健康の維持増進やスポーツ活動を自分の問題としてとらえることができず，自己管理のもとで実践することができるようにはならない。また，それでは「生涯を通じてスポーツに親しむ」という目的を果たすことにはならない。したがって，教室や講習会が終了しても，指導者がいなくても実践できるように，指導や援助を行うことが指導の心構えとしては必要である。

「スポーツ指導」においては，各個人が健康の維持増進やスポーツ活動を効果的に行えるよう指導していくのはもちろんのこと，自分自身で実践していけるように，指導や支援を行っていくことが必要である。そのために「スポーツ指導」には主に3つの役割がある。

1) 正しい知識・情報の提供および啓蒙

運動をした場合の身体的変化や効果，目的にあった正しい運動の方法，個人の目的や健康・体力レベルにふさわしい運動種目の紹介，自分自身のめざすべき目標などについて，「正しい知識・情報」を提供することが大切である。さらに，運動・スポーツの必要性，自分自身で継続して実践していくことの必要性を啓蒙することも大切である。

2) 模範演技による示範および監視

具体的に分かりやすく説明するためには「視覚的な指導」を行うと効果的である。正しい運動の方法やさまざまな運動種目について話をする

だけでなく，実際に「模範演技」を行うことによって視覚的にイメージを伝えることができる。この際，正しい見本が示せなければ逆効果にもなりかねないので，指導者は指導するポイントを明確にして，模範的な演技が表現できるようにしておかなければならない。また，見せるだけでなく「実践」させることが大切である。このときの指導者には「監視」をするという重要な役割がある。

3) アドバイスおよびカウンセリング

スポーツ指導の際には，正しい運動ができているかどうかを「**フィードバック**」するとともに，不十分な場合には正しい方法が身につけられるように各個人に「アドバイス」をしていく必要がある。さらに，運動を継続するにあたってトラブルが生じたり，目標を達成するためにより細かい指導が必要な場合は，個別に「**カウンセリング**」を行うことも大きな役割である。

フィードバック

カウンセリング

(3) スポーツ指導の基本

1) スポーツ指導の五大原則

① 全面性

1つの運動種目に偏ったり，部分的なトレーニングにとどめず全身を「総合的」にバランスよく鍛えること。さらに，身体だけではなく心の問題も考慮に入れてバランスを保つことを心がけること。

全面性

② 意識性

何のための運動なのかを実施者本人に十分に理解させたうえで，その目的が果たせているかどうかを確認させながら実施していくこと。

意識性

③ 個別性

個人差や個人の特徴を十分に考慮に入れて，運動プログラムの「種類」，「質」，「量」を決定していくこと。

個別性

④ 反復性

1つの技術を習得するには「反復練習」が必要である。また，運動の健康への効果を期待するためにも反復して行うことが必要である。

反復性

⑤ 漸進性

同じことの反復では飽きてしまったり効果が上がらなくなったりする。そこで運動プログラム内容を「段階的」に高めたり，運動の種類を増やしながら実施していくこと。

2） 練習形態

「正しい技術」を身につけさせるためには，それぞれの段階に応じて練習の形態を変えて行うと効果的である。特に期間が限定されている講習会や教室の場合，最終日にどの程度まで「技術習得」が達成されたかが重要な評価となる。講習会や教室の全体の練習計画の構成を考えるうえで，また1回の指導案を考えるうえでも練習形態の特徴を押さえておくことが大切である。

① 全習

個々の技術を総合して生み出される「ダイナミックな動き」（最終目標の動き）を練習する方法である。細かい動作の指摘はせずに全体の動きがスムーズに行えるよう指導することが重要である。練習計画のなかではまとめとして行うことが多い。

② 分習

動きのある部分だけを取り出して，集中して練習する方法である。たとえば水泳の場合，キックだけを行う練習などがそれである。これは一部分に意識を集中させることでより早く技術を身につけさせることができる。動きの不適切な癖を修正するときにも有効な方法である。

③ 反復練習

技術の習得には欠かせないものである。全習においても分習においても行われるもので，繰り返し行うことによって意識しなくてもスムーズな動きができるようになる。練習計画のなかでは各自が「反復練習」を十分に行えるように配慮することが大切である。

3） 指導形態

指導形態には主に以下の3つがあげられるが，それぞれに特徴があり目的に応じて使い分けることが重要である。

① 一斉指導

一度に多くの人々を指導することができる。一方的な情報提供が主になるので，「ガイダンス」，「啓蒙」，「紹介」を行う目的であれば有効である。個人差を考慮していないので，すべての人々のニーズにこたえることはできない。技術習得を目的としたものには不向きである。

② グループ指導

同じ目的をもった者を集めて行えば，指導の目的が絞れて効果的に指導ができる。グループの人数は目的によって多少異なるが，1人の指導者が把握できる人数は15人程度が目安である。

グループ指導の場合は指導者との人間関係だけではなく，参加者同士の人間関係も生じてくる。指導者はこれらの人間関係を十分に把握して，有効に活用するよう指導しなくてはならない。

③ 個別指導

「個人の目的」，「体力の程度」，「身体状況」に合わせたきめの細かい指導ができる。また，随時適切な指導であるかどうかを確認することができ，参加者の立場を最優先した指導，支援が可能となる。また，指導者は個人情報をもとに指導することになるので，プライバシーの保護には十分な配慮を必要とする。

4）指導方法

目的によって指導方法は異なる。それぞれの指導方法の特徴を把握したうえで，効果的に使い分けることが大切である。

① 1回完結型

「動機づけ」や「啓蒙」，新しいプログラムの「紹介」や「体験」を目的とした場合には有効な方法である。普段とは異なったプログラムを導入して，注意をひいたり活性化したりすることができる。継続性がないので技術の習得や身体的変化を目的とするプログラムには不向きである。

② 段階的指導

水泳の技術習得やウエイトコントロールプログラムなど，効果を得るまでに一定期間を必要とするような場合，「到達目標」に向かって段階的に指導を行う方法である。「指導計画」を作成しそれに沿って行われる

が，指導計画に縛られることなく，参加者の習熟度合いを確認しながら指導計画を修正して指導することが大切である。

③ 随時指導型

アスレティックルームでのウエイトトレーニングやプールでのフリースイミング時に行われている方法であり，参加者が自主的に運動プログラムを実施する場合，必要なときに適宜指導を行う方法である。運動プログラムを安全に効果的にしかも自主的に行っていけるよう支援することができる。

5） 指導様式（型）

スポーツを指導する場合において，指導者は次のいずれかの様式を採用しているといってよい。

① 先導型（教え込み型）

これは，指導者が先陣をきってぐいぐいと引っ張っていく方法であり，初心者に対する「運動の基礎づくり」や「基本技術の指導場面」などで行われることが多い。しかしながら，この方法はしばしばスポーツ指導の主体が指導者本人のものとなってしまう場合が見受けられる。すなわち，練習内容の選択や決定を指導者がすべてにおいて行い，スポーツ参加者はその命令にひたすら耐え忍び，指導者から与えられた練習を黙々とこなしていくというものである。読者諸君の中にはこのような経験を持つ方も少なからずいることと思う。「だまって俺についてこい」では，参加者たちの考える力が養われないばかりか，指導者と参加者の信頼関係を築くことなどできようもない。これは，指導者が自らの指導に対する経験や知識のなさを服従させることでごまかしているにすぎない。もし仮にひと昔前のスポーツ漫画のように，「根性だ」と叱咤され，叩かれながら過酷な練習に耐えて試合に勝ったとしても，その勝利から何が得られるであろうか。命令すべてが悪いというのではない。その命令が，参加者の考える力，スポーツ活動に対する自発性や協調性といった人間性の育成の助けとなるようなものであれば，スポーツ指導を行う上での活用すべき効果的な手段となる。

② 放任型（自主性尊重型）

スポーツ活動の主体は参加者自身にあるとはいえ，スポーツ活動に関して右も左もわからない初心者に，活動の場所や道具を整備するだけで，後は君たちの自主性にまかせますでは，指導者としての責務を放棄したことにほかならない。スポーツ活動に対しての過度な干渉は，参加者の自発性を尊重する上から好ましくないことは確かである。しかし，本当に参加者に関わることを極力少なくすることが参加者の自発性を育てると信じているとすれば，それは指導者としての能力に欠けるか自発性の尊重に対して誤った考えであると言わざるをえない。スポーツ指導における指導者の役割として，参加者にやる気を起こさせる動機づけは大変重要なポイントである。さらに，その動機を持続させていくには活動の場面に応じたさまざまな形でコミュニケーションをはかっていかなければならないと考える。

③ 協同支援型（先導型と放任型の中間型）

この指導方法は，先導型と放任型の指導様式の長所を指導場面に応じて使い分けていく方法である。スポーツ活動を行っていく上では，技術上達過程における練習方法や組織の運営方法といったさまざまな問題に遭遇する。指導者は，これらの問題解決に向け，参加者自らが判断し実行に移せるような援助を行う指導を進める。その結果として，参加者の判断力と実行力の向上につながっていく。すなわち，指導者が，チーム全体もしくは参加者の個々の目標に対してリーダーシップはとるが，あくまで基本的な舵取り役に徹するというところがこの方法のポイントである。

スポーツ指導を行う上では，協同支援型を原則とすることが望ましいと考える。協同支援型の指導実践は，参加者自身の立場に立つことに努めることから始まる。それは，参加者のスポーツ活動に対する目標や性格をも含んだ個性を理解することである。しかしながら，参加者の中には，指導の内容をすばやく理解し実践できる者もいれば，時間や回数を必要とする者もいる。また，練習成果をフィードバックするにしても，良いところだけ誉められるより，未達成なことへの具体的指摘を受けた方が糧となる者もいる。すなわち，参加者が10人いれば10通りの指導が必要であり，「参加者の立場に立った指導」とことばでは簡単なこと

も，いざ実践となればとても難しいものである。だが，その努力なくして，「スポーツ活動を通じての人間性の確立」という目的をなしえることはできない。

2 スポーツ指導の目標

「スポーツ指導」には，しばしば**「コーチング」**（指導）という言葉が使われる。「コーチ」の語源は，ハンガリーの村の名前である「コークス」と言われている。「コーチ」は19世紀ごろの家庭教師をさす俗語として使い始められた。当時の家庭教師指導は，生徒各自に応じた実に丁寧できめこまやかなものであったようである。生徒の進歩を心から願った指導ぶりは，自家用馬車で目的地まで運んでもらっているような心地よさを生徒にあたえたという。「コークス」が伝統的にこの四輪馬車の生産地であったため，家庭教師をさす俗語として「コーチ」が使われるようになった。

コーチング

これまでのスポーツ指導（コーチング）はプレーヤーやチームに対してスポーツ技術を一方通行で指導するものであり，指導者から与えられた指示や練習内容を受動的に実行して身につけていく色合いが濃いものであった。今日では，スポーツ指導だけに限らず，指導をさす考え方として「コーチング」に対して**「ティーチング」**という言葉が使われることが多くなっている。「ティーチング」は「コーチ」の語源となった19世紀の家庭教師のように，「生徒のやる気を引き出す・本人の自主的な取り組みにより生徒本来の能力を100％発揮させる」生徒主体の生徒の身に立った指導といえよう。ただし，「コーチング」を否定するわけではなく，対象や指導場面による「コーチング」と「ティーチング」の使い分けが必要と考えられる。

ティーチング

スポーツ指導は，指導における場面から大きくは「プランニング」「コーチング」「チェッキング」の指導課程がある。スポーツ指導者には，この課程ごとに必要な「正しい知識・情報・技術」を身につける必要性が求められる。スポーツ指導を考える上で「プランニング」は大きなウエ

イトを占める部分といえよう。「プランニング」はあくまで計画であり,全ての指導場面でその通りにすすめて,目標に達することはできないかもしれない。しかしながら,「プランニング」における目標なくしての場当たり的な指導では,決してスポーツ活動の援助をより高い次元で行うことはできない。

「スポーツ指導」のさまざまな効用を期待するうえで,「スポーツ指導」の目標は大別すると次のようになろう。これらの「スポーツ指導」の目標は,多くのスポーツに関係する学者や指導者が掲げているものである。

① 成長期の子どもたちの健全な発育・発達への援助
  (成長の速度を考慮した長期的な視野での育成)
② 技能向上への努力
  (スポーツ技能獲得過程における精神的修練)
③ スポーツを楽しむ価値観の普及
  (社会性を育て,日常生活を豊かなものにする文化としての生涯スポーツへの導き)

以下において,これらの「スポーツ指導」の目標を本書の読者諸君とともに考えていきたい。

(1) 成長期の子どもたちの健全な発育・発達への援助

「スポーツ活動」は躍動的な身体運動を伴うものであり,それが身体的な発育・発達に何らかの影響を与える要因になりうることは察してもらえるであろう。ここで重要なことは,スポーツ指導は指導対象者の年齢に応じたものでなければならないということである。言い換えれば,スポーツ技術の向上,体力強化や疾病予防への効用の期待ばかりにとらわれて,指導対象者の発育・発達を無視してはならないということである。このことを考慮しないスポーツ指導はスポーツによる効用が十分に得られないばかりでなく,スポーツによる疾病や障害も招きかねない。子どもたちの発育・発達においては,**「スキャモンの発育曲線」**が広く知られるところであり,指導者にとっても成長期における子どもたちの「スポーツ指導」に対して理解しておかねばならない。あくまで一般論ではあるが,この発育曲線をもととした成長期の子どもたちに必要とされる

スキャモンの発育曲線

運動は3つの時期にわけられる。
① 小学生の時期（神経系の発達が顕著な時期）
② 中学生の時期（呼吸・循環器系の発達が顕著な時期）
③ 15〜18歳の時期（性ホルモンによる性差が顕著になる時期）

第一に，神経系の発達が顕著な小学生の時期は，「基本的な動作の習得」を基本とすることが望ましい。すなわち，さまざまな運動を経験させることで「走る・跳ぶ・投げる・蹴る」といったスポーツの基本となる身体動作を身体全体でダイナミックに行えるようにしていく時期といえる。また，人生における「スポーツ活動」との出会いの時期でもあり，気軽に楽しく参加できる配慮が大切である。「ゲームへの平等な参加機会の確保」「ゲームをやさしくするルールの改変や用具の工夫」は，スポーツを楽しいと感じられる手だてとなろう。

第二に，呼吸・循環器系の発達が顕著な中学生の時期では，「全身持久力の向上」を目標とすることが望ましい。このころには，専門に行うスポーツの種目も絞られ，トレーニング内容も変化してくる。有酸素運動となるトレーニングを十分に取り入れながら，各スポーツ種目に通じて必要な「ねばり強さ」の獲得を目標にする時期といえよう。

第三に，性ホルモンによる性差が顕著になる15〜18歳の時期では，男性は骨格筋の発達が顕著になり，女性では運動性の貧血といった問題に気をつける必要性が生じる。この時期はより専門的な競技力向上のために，「力強くなる」ことをめざした筋力トレーニングが開始できるようになる。

これらの発育・発達の著しい変化をとげる時期において，「スポーツ指導」が助成できる意義は大きく，それゆえに，「スポーツ指導」の大きな目標といえよう。

（2） 技能向上への努力

スポーツを行う者にとって，「うまくなりたい」「勝ちたい」「より速く・より高く・より強く」を願うことは，しごく当然なことである。また，その情熱なくしてはスポーツ技術の向上も期待しがたい。しかし，本書で問いたいのは，結果としての「勝利」や「記録の更新」ではなく，そ

の情熱をぶつけて日々の修練を重ねる過程こそ重要な意味を持っているのではないかということである。「スポーツ活動」を継続する中では、競技者はさまざまなドラスティックな場面に直面する。これは、自己の能力や練習方法・指導者に対する疑問や不安、チームやスポーツ集団内での人間関係、競技者をとりまく援助者やマスコミの評価などである。競技者は「これでいいのか」「こうした方がいいのではないか」と自問自答をくり返し、助言や励ましを受けながら、創造性・社会性を身につけていき、努力に対する独自の価値観を知らず知らずに見いだしていく。これはまさしく、「スポーツ活動」が人間性確立のための文化的な活動であるといえよう。「スポーツ指導」では、人と人とが織りなすコミュニケーションを通じた、健全な人格形成が重要な目標といえる。ほとんどの指導者は、「競技能力向上にむけた努力」が第一で、「勝つための技術指導」（勝利）は二の次であることを知っている。しかしながら、「勝つこと」を二の次にするには大変な勇気と信念が必要となる。それはしばしば、マスコミの「勝つこと」に評価の重点をおく風潮や保護者たちの過度な干渉により達成されないことが多い。「勝つこと」に情熱を傾け、汗して努力することを否定しているわけではない。「勝つこと」への情熱は、まぎれもなく彼・彼女らのスポーツに向かうエネルギーの源なのである。スポーツはスポーツ指導者やスポーツ支援者のものではない。あくまでスポーツはプレーヤーのものである。「勝敗の結果」に対する価値は、プレーヤー自らが努力の過程で得た経験から見いだすものである。いいかえれば、勝つことへの情熱と努力を放棄したスポーツは、「気の抜けたサイダー」のようなものである。

　スポーツ指導では、「勝つこと」への情熱を大切にし、プレーヤーの視点に立った個々に応じた指導を通じ、プレーヤー自らが努力への価値を見いだせることを目標としたい。

(3) スポーツを楽しむ価値観の普及

　近年におけるスポーツ人口の増加は、週休2日制の浸透に伴う余暇の増加、スポーツ教室やスポーツ施設の充実、高齢化社会到来による健康維持増進への価値観の変化がもたらしたものと言われている。しかしな

がら，スポーツを愛好する人たちの大半が，これまでに何らかの形で「スポーツ活動」を経験したことのある者である。いいかえれば，「スポーツ活動」との出会いの時期とそのときの経験が，人生を通じての「スポーツ活動」に大きな影響をもたらすということである。このことからも，「スポーツ活動」との最初の出会いとなる時期での「スポーツ指導」は大変重要な意味を持つ。スポーツ指導者は，「スポーツ活動」との最初の出会いで，「スポーツ活動」に対する「劣等感」や「疎外感」を持たせてはならない。「スポーツ活動」がもたらす効用への期待は大きい。しかしながら，その効用も継続なくしてはあり得ない。継続への一番の原動力となるのは楽しさではなかろうか。楽しさは決して画一化されたものではないと筆者は考える。スポーツ活動を客観的に見た場合「つらい」「めんどくさい」などの継続を困難にする要因が頭に思い浮かぶであろう。「好きこそものの上手なれ」という言葉があるように，本人がスポーツ活動を「好きだ」と感じているのであれば，客観的には大変に見えることも案外楽しいのかもしれない。楽しいことには子どもであれ大人であれ，熱中できるものである。「ぼくにもできた，わたしにもできた」の第一歩の成功経験は，生涯を通じての「スポーツ活動」を生きがいとして感じられる人々を生みだすであろう。そのためにスポーツ指導者に求められることは何か。名テニスプレーヤーであった「ティモシー・ゴールウェイ」にまつわる話にこのようなものがある。あるとき，彼のレッスンを希望する者たちをさばききれず，やむなく友人のスキーのインストラクターに指導を依頼した。ところが，テニスの技術的なことに詳しくないはずの友人のクラスの方が目覚ましく上達した。その友人いわく，「ぼくはテニスなんてわからない。だから，どうしたら球がラケットの真ん中に当たるのかを生徒に質問して，教えてもらったのさ」。自分の持つ技術的なことを教え込むことよりも，生徒自身で必要なことは何なのかを考える力をつけさせた方が上達につながることがある。そのことに気づいたゴールウェイにとっては目から鱗が落ちる出来事であった。彼はその後，「コーチング」をこう定義している。

「会話や人間としてのあり方を通じて，対象者が本人の望む方向に向かって，本人の満足のいく方法で進むことを促進する環境を生み出す技

術である」。

　筆者は，この定義の根本に，スポーツ活動はそれを行う本人のものであり，スポーツ指導は指導者本位の技術指導主義にとらわれず，対象者の立場に立つべきであるというように解釈する。では，対象者の立場に立った指導とは何が秘訣となるのであろう。その第一は，スポーツ指導者はスポーツを楽しむ実践者でありたいということである。「名プレーヤー，名監督にあらず」といわれる。高い競技技能を身につけていることが，よい指導者になれる絶対的な条件ではない。しかしながら，スポーツの経験者・実践者はスポーツ指導者の適任者としての資格の基盤をすでに持ちえていることに他ならない。できることならばスポーツ指導者は，1つの種目にかぎらず多くのスポーツを経験し，その種目の「特徴」「楽しさ」を知るように努めたい。スポーツ指導者は，スポーツ活動の楽しさを共有し，参加者から学び，教えられ，変化していくことを大切にしたい。このこともスポーツ指導者として成長していく目標となろう。

3 スポーツ指導の種類

　本項では，「スポーツ指導」をより実践的な指導場面として，対象となる参加者の年齢や目的，スポーツ種目における特殊性，指導形態に類別化していく。

　本書では，「スポーツ活動」は参加者本位のものであり，「スポーツ指導」は対象者が本人の望む方向（目的）に向かって，本人の満足のいく方法（種目選択・練習内容）で進むことを促進する環境を生み出す技術であるととらえてきた。

　ここでいう「本人の望む方向」とは，すなわち，スポーツを行う目的に他ならない。

　それでは人々はどのような目的や理由でスポーツを行っているのだろうか。

　内閣府の体力・スポーツに関する世論調査によると，1年間に運動やスポーツを行った理由を「健康・体力づくりのため」を挙げた者の割合が

55.2％，「楽しみ，気晴らしとして」を挙げた者の割合が54.5％と高く，以下，「運動不足を感じるから」(40.9％)，「友人・仲間との交流として」(33.8％)などの順となっている。前回の調査結果と比較してみると，大きな変化はみられない（図1-1）。

性別にみると，「楽しみ，気晴らしとして」を挙げた者の割合は男性で，「運動不足を感じるから」を挙げた者の割合は女性で，それぞれ高くなっている。

年齢別にみると，「楽しみ，気晴らしとして」，「友人・仲間との交流として」を挙げた者の割合は20歳代で，「健康・体力づくりのため」を挙げた者の割合は60歳代，70歳代以上で，「運動不足を感じるから」を挙げた者の割合は50歳代で，それぞれ高くなっている。

この結果は明瞭に日本人成人のスポーツ活動の目的を示しているといえよう。すなわち，「レクリエーションとしてのスポーツ活動」「健康・体力づくりとしてのスポーツ活動」「地域クラブ活動としてのスポーツ活

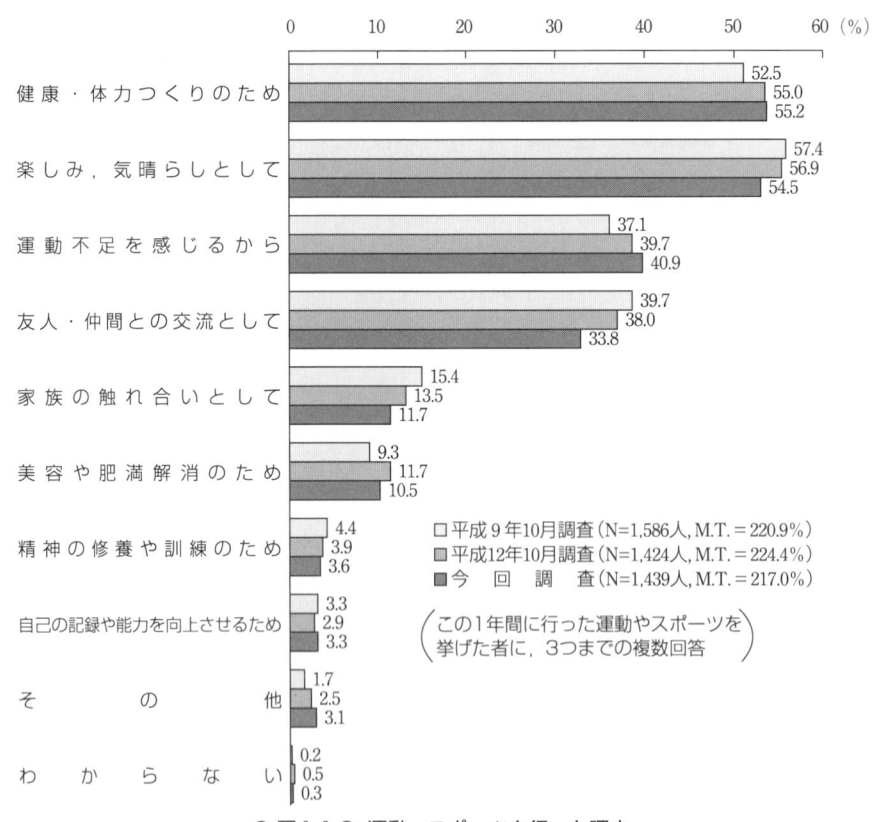

● 図1-1 ● 運動・スポーツを行った理由

出典：内閣府『体力・スポーツに関する世論調査』平成16年2月

動」に類別できる。以下に、この目的にそったスポーツ指導の留意点をまとめる。

（1） レクリエーションとしてのスポーツ指導の留意点

スポーツ実施の理由としては、「楽しみ、気晴らしとして」が第1位で、**レクリエーション**としてスポーツを実施していることがわかる。週休2日制の普及による余暇の増加とともに、この傾向は更に助長されつつある。内閣府の体力・スポーツに関する世論調査によると、「週に3回以上（年151日以上）」と答えた者の割合が29.3％、「週に1～2日（年51～150日）」と答えた者の割合が27.2％、「月に1～3日（年12～50日）」と答えた者の割合が22.9％、「3ヵ月に1～2日（年4～11日）」と答えた者の割合が10.4％、「年に1～3日」と答えた者の割合が9.4％となっている。性別にみると、「週に3回以上（年151日以上）」「週に1～2日（年51～150日）」と答えた者の割合は女性で、「月に1～3日（年12～50日）」と答えた者の割合は男性で、それぞれ高くなっている（図1

レクリエーション

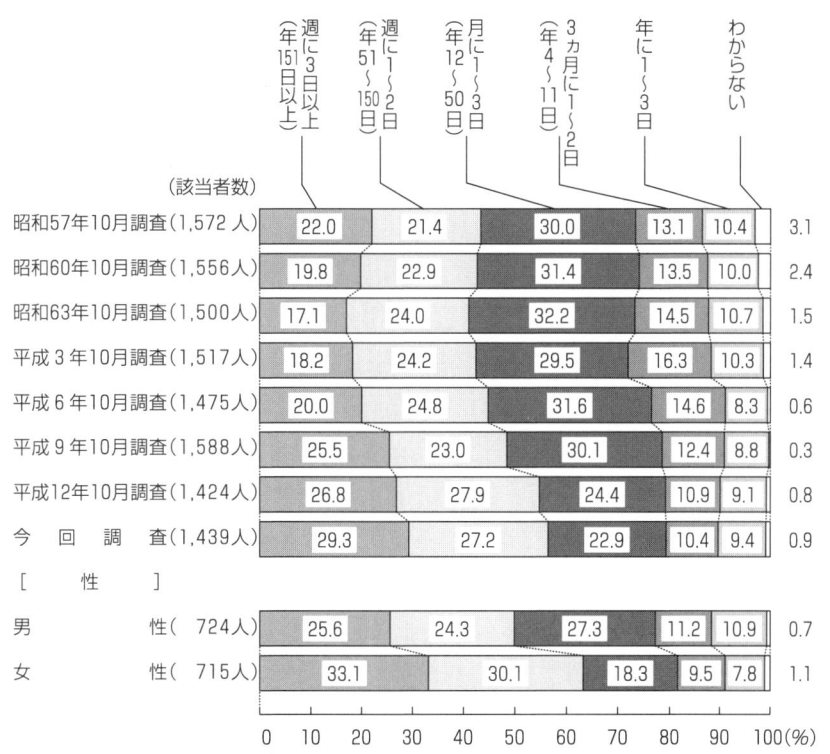

● 図1-2 ● 1年間に運動・スポーツを行った日数 （この1年間に行った運動やスポーツを挙げた者）
出典：図1-1に同じ

-2)。

　年齢別にみると,「週に3回以上(年151日以上)」と答えた者の割合は60歳代,70歳以上で,「月に1～3日(年12～50日)」と答えた者の割合は20歳代から40歳代で,「3ヵ月に1～2日(年4～11日)」と答えた者の割合は20歳代,30歳代で,「年に1～3日」と答えた者の割合は30歳代で,それぞれ高くなっている。

　また,行った運動やスポーツの種目では,「ウォーキング(歩け歩け運動,散歩などを含む)」(37.2％),「体操(ラジオ体操,職場体操,美容体操,エアロビクス体操,縄跳びを含む)」(15.9％),「ボウリング」(13.2％),「軽い球技(キャッチボール,円陣パス,ピンポン,ドッジボール,バドミントン,テニスなど)」(11.9％),「ゴルフ」(8.3％)などが上位に挙げられている(図1-3)。

　性別に見ると,男性では,「ウォーキング(歩け歩け運動,散歩などを含む)」,「ボウリング」,「ゴルフ」,「軽い球技(キャッチボール,円陣パス,ピンポン,ドッジボール,バドミントン,テニスなど)」,「体操(ラジオ体操,職場体操,美容体操,エアロビクス体操,縄跳びを含む)」などが,女性では,「ウォーキング(歩け歩け運動,散歩などを含む)」,「体操(ラジオ体操,職場体操,美容体操,エアロビクス体操,縄跳びを含む)」,「ボウリング」,「軽い球技(キャッチボール,円陣パス,ピンポン,ドッジボール,バドミントン,テニスなど)」,「軽い水泳」などが,

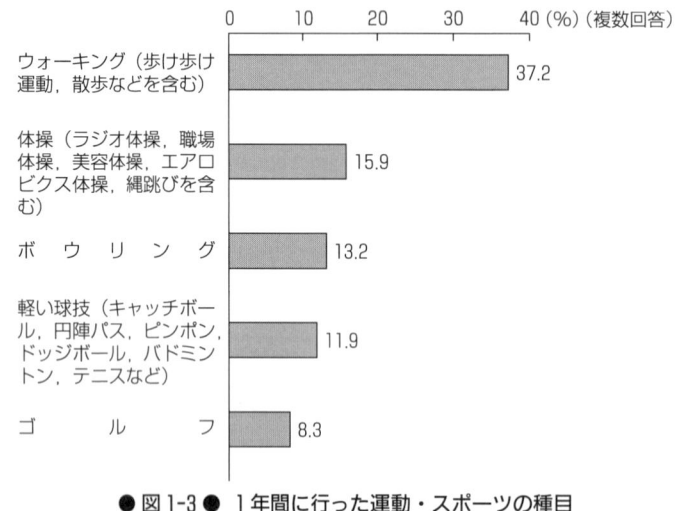

●図1-3● 1年間に行った運動・スポーツの種目
出典:図1-1に同じ

それぞれ上位に挙げられている。

これらのスポーツ活動は単なる余暇活動としてのものではなく、レクリエーションとしての気分転換を図りつつ、さらに自己表現の場や新しい仲間づくりの場を求めているように思われる。かかる点を含めてレクリエーションとしてのスポーツ指導の留意点を示せば次のようであろう。

① 目的意識の把握

気晴らしや気分転換のためのレクリエーションとはいうが、スポーツ指導を受けようとする者にはそれなりの目的や目標がある。スポーツ指導の成功不成功は、各人のこの目的や目標の明確な把握にかかっているといってよい。この目的把握の明確化で、指導形態は集団指導であっても、十分個別性豊かな指導を具体化することができる。

② 技術習得への挑戦

中心となる年代から考え、単なる参加する楽しみといった遊びの性格よりも、技術習得への挑戦ということに楽しみを感じさせる仕組みが必要ではないだろうか。ただし、ここで追記するが、「楽しみ」の感じ方は画一的なものではない。あくまで指導における大枠として理解していただきたい。

③ 反復指導の重要性

技術指導のコツは反復指導であり、これを飽きさせることなく楽しませつつ行わせることである。ごく基本的な技術からの反復指導をあせらず行うことで「できた」という達成感を持たせられないだろうか。「はじめの成功」は次の段階への意欲の芽となる。手に届きそうな小さな上達目標が用意されておればどうであろう。それぞれのレベル（技能・年齢による体格や体力）で、大きな柔らかいボールを用いたり、ネットを低くしたり、フィールドを狭くする等の用具やルールの工夫さえあれば、各々のレベルにあったゲームが立派に成立する。こうしたスポーツ活動の中での「達成感」は、いつしかそこに集う仲間たちの共有する財産となる。

④ 新しい人間関係の提供（仲間づくり）

レクリエーションスポーツの場は職場や家庭とはちがった新しい人間関係づくりの場である。それはスポーツ技術開眼とともに、新しい人間

関係開眼の場ともなる。

(2) 健康・体力づくりとしてのスポーツ指導の留意点

　レクリエーションのためのスポーツに比べ，スポーツ活動への参加目的を「健康・体力づくり」に求める年代は，おのずと高齢者の割合が高まる。健康・体力づくりのスポーツ指導の留意点には，まず，「スポーツ種目の選択」があげられる。この年代の参加者のほとんどは，各自の年齢や体力に見合う「スポーツ種目」を選択するであろう。しかしながら，運動から久しく遠のいていたにもかかわらず，若い頃にバリバリとスポーツを行っていた経験から「昔とった杵柄」とばかり，いきなり無理をする方もいる。その結果は，読者諸君にも想像のつくところである。健康・体力づくりのスポーツでは，「思い立ったが吉日」とばかりに，いきなり運動に参加させることは禁物である。スポーツ指導者は，参加者の現在の体力や健康状況を正確に把握し，それに応じたスポーツ種目の選択に対して十分なアドバイスを行う必要がある。長年の運動不足は目に見えないところで，急激な運動には耐えられなくなっているのである。そのためにも，事前に医師への診断や相談を勧めるとともに，年齢に見合った測定内容で体力測定を実施することを運動開始時の最低必要事項としたい。その結果は，参加者個々に必要なバランスのとれた運動内容の設定に大きな助けとなる。そして，身体を動かす「楽しみ」の提供に努め，がんばらせすぎない指導を信条としたいものである。また，健康・体力づくりのスポーツ指導では，スポーツだけの指導にとどまらず，生活の中に運動を取り入れる啓蒙活動も大切な項目である。現代人は，日常にあふれる利便性の向上（交通機関の発達，エレベーターや動く歩道，家電製品の普及による家事労働の軽減）のおかげで，歩くという基本的な身体運動の機会を失っている。その運動量は40年前の半分以下とも言われている。このように身のまわりにあふれている便利な環境の中では，「気をつけて」「わざわざ」身体を動かすように努める習慣づくりが必要となる。参加者には，スポーツを通じての劇的な変化（やせる・病気の改善等）を期待する方も少なくない。スポーツを行うことで，これらの効果が得られることは大いに期待できる。しかしながら，それにはある

程度の継続期間が必要なのは言うまでもない。そして、その効果が表れないうちに中断される方の多いことも事実である。スポーツ指導者は、参加者に対して、まっ先に体感できる、「爽快感」「充実感」「安心感」「ゆとり」に目を向けさせ、技術習得を柱としない代わりに、日常生活をも含めた良いライフスタイルへの変化を運動継続へのモチベーションづくりの柱とすることが有効であろう。そのためには、各自の運動参加の記録をつけるように勧め、定期的な健康診断や体力テストによる客観的な評価や相談を個別指導の機会として活用する努力も必要である。

(3) 地域クラブでのスポーツ指導の留意点

地域クラブは、組織形態において多岐にわたり、その形態を広くとらえれば、自称名プレーヤーが集まってできた愛好会、学校のクラブ活動、スポーツ少年団、実業団までが含まれる。

ここでは、スポーツ指導者は、単にスポーツを直接指導するに留まらず、スポーツ活動参加へのチャンスづくりやスポーツイベントの企画といった、地域の人々にスポーツ活動への共鳴を訴えていくコーディネーター的な役割が期待される。先にも述べたが、「スポーツ参加者の組織や集団の運営」「スポーツに対する正しい情報の提供」「関連機関をリンクさせたスポーツイベントの企画」は、1人で担うには困難な幅広い役割である。そのような場合は、複数のコーチ・スポーツ参加者・保護者や援助者で役割分担し、それぞれがスポーツ活動のリーダーとして連携し機能することも必要となってこよう。また、各クラブがお互いに協力しあうクラブワークにより、限られた活動場所や施設を少数グループが占有することなく、効率的に利用することが可能となれば、それはおのずと活動空間の増加を意味する。また、クラブ間の参加者交流は、大会出場時の新チーム結成も可能とし、レギュラーとなれなかった者にさらなるスポーツ活動のチャンスを広げよう。

地域クラブでのスポーツ参加者の年齢構成やレベルは、実に幅広い。それゆえに、参加者のクラブに所属して活動する目的や価値観も個々に違いがあり、1人の参加者においても、上達や経験を経て変化するものである。それらを両極にたとえるなら、技術的な向上をめざし練習を重

ねたうえで，試合にチャレンジするチャンピオンスポーツ思考と，練習やゲームは行うが，現在の自分の技術レベルでスポーツを楽しみたいレクリエーションスポーツ思考と考えられる。おのずと各クラブの性格は多勢を占める思考を反映したものとなり，思考の違いから脱退もしくは別のクラブへ移るといったことがおこってこよう。チャンピオンスポーツ思考とレクリエーションスポーツ思考のいずれがスポーツ活動において優れた思考であるかを問うことは，愚問であろう。しかしながら，「スポーツは勝つことだけではない」と，前記はしているものの，地域クラブで行われるスポーツにおける本質は，勝ち負けのあるゲームという構造であることにほかならない。重要なのは，参加者の個々の思考，年齢や諸種の社会的な条件（練習が可能な回数や時間）の違いで分類された，いく通りもの勝者が誕生できる環境の提供が必要だということである。いいかえれば，同一クラブ内においても思考の違いや技術レベルの差を認めあい，皆が共通のプログラムを行った後，分類されたグループでそのグループらしい活動プログラムで練習を行うといった練習計画を工夫するということである。

　指導者がこういった指導上の計画を参加者から認知されるためには，クラブとしてのチームワークづくりに留意することである。このチームワークづくりには，いくつかのポイントがある。まずは，参加者がクラブの運営に対し，何らかの役を受け持つということである。次に指導者は，できることならばクラブの一員として，技術や精神的なリーダー役をつとめながら，スポーツを共に楽しみたい。最後に技術的な指導に関して，場当たり的な指導ではなく，基礎から高度な技術にわたって，体系化された一貫性のある指導が必要となる。それは，参加者の練習意図に対する理解や目標設定を明確にすることにとって大きな安心と力になり，思考やレベルをこえたスポーツを楽しむ仲間として，互いを認めあえる関係を築くであろう。

　最後にこれからスポーツ指導にたずさわる中で，「スポーツ活動の主体は参加者自身である」ことを，機をみては思いかえしていただくために，世界的に有名なブラジルの教育学者であるパウロ・フレイレの，教師と生徒の改善されるべき関係における記述を引用しておく。

- 指導者も参加者により教え育てられる。
- 指導者は全てを知る存在ではない。
- 良き指導者であるには参加者の本音を聞き出せる聞き上手であれ。
- 参加者は自らの目的達成に近づくための選択権を有する。
- 指導者は参加者自らが判断し実行できるための援助に努める。
- 誤った指導者権威の行使で参加者の自由を奪うことは許されない。
- スポーツ活動の主体は参加者である。

【参考文献】
1）青木　高・太田壽城監修，萩裕美子編著『健康・スポーツの指導』建帛社，1996 年
2）内閣府『体力・スポーツに関する世論調査』2004 年
3）文部省（現，文部科学省）『国民の健康・スポーツに関する調査』1998 年

まとめ

1. スポーツ指導には，①正しい知識・情報の提供および啓蒙，②模範演技による示範および監視，③アドバイスおよびカウンセリングという3つの役割がある。

2. スポーツ指導では，トレーニングの原則，練習形態，指導形態，指導方法，指導様式が重要である。

3. スポーツ指導には，①成長期の子どもたちの健全な発育・発達への援助，②技術向上への努力，③スポーツを楽しむ価値観の普及という目標がある。

4. スポーツ指導の種類としては，①レクリエーションとしてのスポーツ指導，②健康・体力づくりとしてのスポーツ指導，③地域クラブでのスポーツ指導に分けられる。

第2章
トレーニング計画とその様式

1 トレーニング計画

　競技力を向上させるためには，まずもって科学的なアプローチが必須となる。特に，競技種目や選手の特性に応じたトレーニング内容を科学的に検討することは，第一に取り組まなければならない事項である。そのためには，トレーニングに関する生理学的，生化学的，バイオメカニクス的，栄養学的な基礎知識とそれに関する実践的な基礎知識が欠かせないものとなる。たとえば，対象となる競技種目の生理学的分析は，筋力，柔軟性，パワー，持久力，スピードなどを効率よく身につけさせるプログラムを立案する上で役立ち，またバイオメカニクス的分析は，その競技種目にとって最適なトレーニング方法を選び出し，選手の能力を高めることに役立つのである。さらに，このようなトレーニングに関する基礎知識を基に，体系的なトレーニング計画を立案することは，オーバートレーニングなどによる傷害を予防し，目標とする試合に向けて最高のパフォーマンスを発揮することを可能にするのである。

　特に，ここではトレーニング計画を立案する際に役立つ，基本的な考え方について説明する。

(1) ピリオダイゼーションの概念

　1960年代にロシアの生理学者であるマトヴェーエフ（Leo P. Matveyev）と旧チェコスロバキア出身のスポーツ科学者であるボンパ（Tudor Bompa）が，カナダの内分泌学者であるセリエ（Hans Selye）のGAS理論を基に提唱した"**ピリオダイゼーション（期分け）**"という概念がある。ある種目のトレーニングを続けると筋肉は発達するが，ある期間を過ぎると発達や動作が鈍くなることに着目し，筋に与える刺激

※ GAS（General Adaptation Syndrome）理論とは，一般的適応症候群ともいい，個人のストレスへの適応能力を示すものである。

ピリオダイゼーション（期分け）

を周期的に変化させ，筋の発達の頭打ちを防ぐサイクルトレーニングの考え方のことである。つまり，トレーニングの専門性，強度，および量の段階的なサイクル（日，週，月単位などで一定期間を配分する）を考え，低強度で量を多く行うものから，高強度で量を少なく行うものへと，何週間もかけて段階的に移行していくのである。また，このシステムはオーバートレーニングを避けたり，トレーニングによって最高のパフォーマンスに到達することを可能にするものである。

（2） ピリオダイゼーションにおけるサイクル

ピリオダイゼーションの概念によれば，トレーニング期（サイクル）は，**マクロサイクル**，**メゾサイクル**，そして**ミクロサイクル**の3つのサイクルに分類される。マクロサイクルは通常トレーニングを行う1年間のことを指し，それは2つ以上のメゾサイクルから成立する。また，メゾサイクルは通常3～6週間までの期間を示し，それはいくつかのミクロサイクルが集合したものである。さらに，メゾサイクルは**準備期，試合期**，および**移行期**に分けられる。ミクロサイクルは最小のトレーニング周期で，通常1週間のトレーニング期を示し，回復（休養）日も含めて，競技者に要求されるすべてのトレーニング課題や内容が収められている。

1週間のトレーニング期では，周期の初めに強度的負荷が優先され，その後に量的負荷と回復（休養など）がおかれ，1週間の中で波を持たせることが多い（表2-1）。なお，トレーニング時間の最小単位は1日であり，通常1日のトレーニング時間は2～3時間，あるいはそれ以上となる（図2-1）。

1） 準備期

準備期とは，試合に向けての最初のトレーニング段階であり，主にコンディショニングのための運動を行う期間である。また，この期は，オフシーズンの**筋持久力の向上および筋肥大の段階，筋力強化の段階**，そしてプレシーズンの**パワー強化の段階**の3段階に分けられる（表2-2）。

マクロサイクル
メゾサイクル
ミクロサイクル

準備期
試合期
移行期

※トレーニングの原則には，過負荷の原則，漸進性の原則，個別性の原則，全面性の原則，反復性・周期性の原則，意識性の原則，特異性の原則などがある。

※コンディショニングとは，日本では体調を整えること，ケアすることを意味することが多いが，アメリカでは体力トレーニングを意味することが多く見受けられる。ここでは後者を指す。

筋持久力の向上および筋肥大の段階
筋力強化の段階
パワー強化の段階

● 表2-1 ● サネエフの年間トレーニング・プログラム

月	10	11	12	1	2	3	4	5	6	7	8	9
トレーニング周期区分	第1準備期			第1試合期		第2準備期			第2試合期			移行期
月	スプリント，筋力			休息		技術 スプリント			休息			球技
火	跳躍力			技術，スプリント		跳躍力，筋力			技術，スプリント			休息
水	球技またはクロスカントリー			休息		積極的休息			跳躍力，筋力			球技
木	休息			スプリント，筋力		休息			休息			休息
金	スプリント，筋力			休息		技術 スプリント			休息			球技
土	跳躍力，球技			ウォーム・アップトレーニング区		跳躍力，筋力			ウォーム・アップ			球技
日	休息			試合		休息			試合			休息
月	10	11	12	1	2	3	4	5	6	7	8	9
試合数	—	—	—	1	4	1	—	1	3	3	2	—

出典：村木，1985

● 表2-2 ● スプリンターのための典型的なメゾサイクル[5]

シーズン設定	期間・段階設定	トレーニングスケジュール
オフシーズン	準備期 ・筋肥大／持久力向上段階	柔軟性トレーニング：バリスティックストレッチング，スタティックストレッチング，PNFストレッチング レジスタンストレーニング：多量で低強度の特異的および非特異的なエクササイズ 代謝系トレーニング：有酸素性運動 スピードトレーニング：多量で低強度の技術トレーニング
	移行期（オプション）	少量で低強度のトレーニングすべて
	・筋力強化段階	柔軟性トレーニング：バリスティックストレッチング，スタティックストレッチング，PNFストレッチング レジスタンストレーニング：中程度の量で高強度の特異的なエクササイズ 代謝系トレーニング：インターバルトレーニング スピードトレーニング：トウイング運動やダウンヒル運動など，中程度の量と強度の技術トレーニング
プレシーズン	・パワー強化段階	柔軟性トレーニング：バリスティックストレッチング，スタティックストレッチング，PNFストレッチング レジスタンストレーニング：少量で高強度の特異的なエクササイズ 代謝系トレーニング：十分な回復時間を設定した，最大強度かそれに近い強度で短いトレーニングを行うインターバルトレーニング スピードトレーニング：少量で高強度の運動
	移行期（オプション）	少量で低強度のトレーニングすべて
インシーズン	試合期	柔軟性トレーニング：バリスティックストレッチング，スタティックストレッチング，PNFストレッチング 少量で高強度のトレーニングすべて レジスタンストレーニング：少量で高強度の特異的なエクササイズ 代謝系トレーニング：休息時間で，十分あるいはほぼ十分に回復が可能であるレースに特異的なインターバルトレーニング
オフシーズン	移行期	軽く身体を動かす程度のレクリエーションゲームなど，監督を必要としないトレーニング

（表中の用語の詳細については，第2章2節参照）

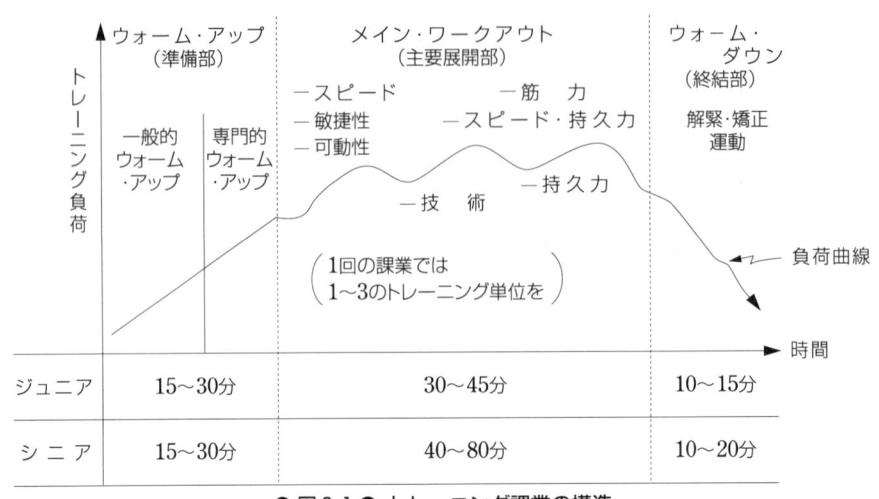

●図2-1● トレーニング課業の構造

出典：表2-1に同じ

	ウォーム・アップ（準備部）	メイン・ワークアウト（主要展開部）	ウォーム・ダウン（終結部）
ジュニア	15～30分	30～45分	10～15分
シニア	15～30分	40～80分	10～20分

① 筋持久力の向上および筋肥大

この段階でのトレーニングの目標は，後の段階で行うより高強度なトレーニングのために持久力を高めることであり，低強度で運動量の多いトレーニングを行う。たとえば，スプリンターの場合，ゆっくりとしたスピードでの長時間にわたるランニング，自重負荷でのバウンディングやホッピングなどのプライオメトリックスなどである。またウエイトトレーニングは，最大挙上重量の50～75％で8～12回，3～5セット実施する。

② 筋力強化

この段階でのランニングプログラムは，長距離のランニングから中距離のインターバルスプリントへ移行する。また，プライオメトリックスはさまざまな形態のものを取り入れ，より複雑多様になる。さらに，ウエイトトレーニングは各スポーツ種目の**特異性**に応じたものを取り入れ，強度は徐々に増加させ，最大挙上重量の80～88％で5～8回，3～5セット実施する。

特異性

③ パワー強化

この段階でのウエイトトレーニングは，最大挙上重量の90～95％（2～4回，3～5セット）にまで負荷を上昇させる。スピードトレーニングもほぼ試合に近いペースまで強度を高める。その際，各エクササイズやスピードトレーニングの間には十分な回復時間を取るようにすること

が大切である．ウエイトトレーニング以外では，抵抗を課したスプリント（人や物などを引っ張る），上り坂や下り坂でのスプリント，負荷を軽減したスプリント（相手にゴムチューブなどを用いて引っ張らせる），デプスジャンプやボックスジャンプなどのプライオメトリックスを行う．

2） 試合期

　試合期とは，一連の基本的な試合が組み込まれる期間であり，実際の試合を通じてより高い競技成績の達成が目指される．したがって，この期間は最重要となる試合に向けて選手の体力とパフォーマンスを最高のレベル（**ピーク**）に到達させるものでなくてはならない．一般的に，この期間は高強度かつ少量のトレーニングを行う．つまり，筋力を維持し，よりパワーを高めるために，徐々に負荷強度を高め，それと同時に量は減らすのである（図 2-2）．また，この期間には重要視されない試合を利用して，最重要試合に向けてのシミュレーションも行われる．そのため，技術的な練習や戦術のための練習に費やす時間が多くなり，コンディショニングにかける時間は少なくなる（図 2-3，2-4）．

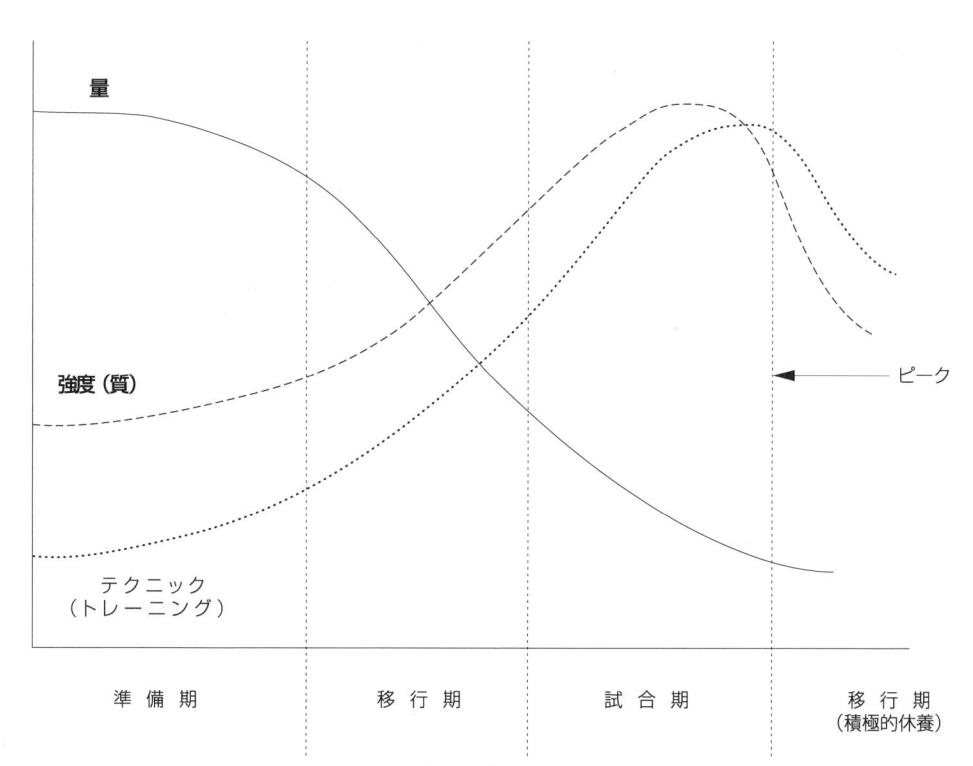

● 図 2-2 ● マトヴェーエフのピリオダイゼーションモデル（修正したもの）[4]

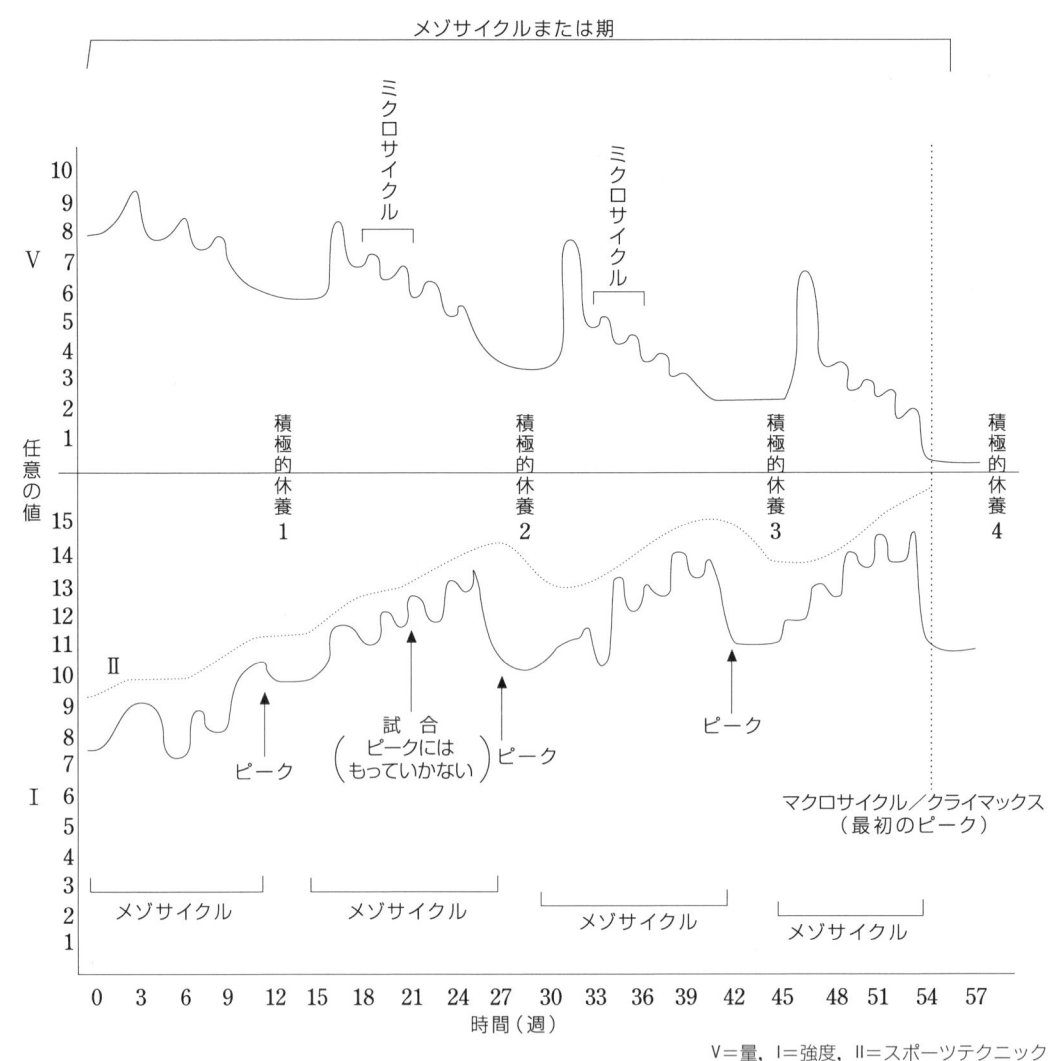

● 図 2-3 ● 国内大会に向けての重量挙げ選手のトレーニングにおけるサイクル[5]

また，試合期間が長期にわたるチームスポーツなどでは，数週間にわたり体力やパフォーマンスを最高レベルに維持することは難しいので，試合期にいくつかのメゾサイクルを設け，週単位で負荷強度を操作する必要がある（図2-5）。

3） 移行期

移行期は，試合期における心身のストレスを解放することが主たる目的である。したがって，この期におけるトレーニングは非特異的および非専門的で，低強度かつ少量のものとなる。たとえば，軽いジョギングや球技，水泳などのレクリエーション的な種々のスポーツ，あるいは低

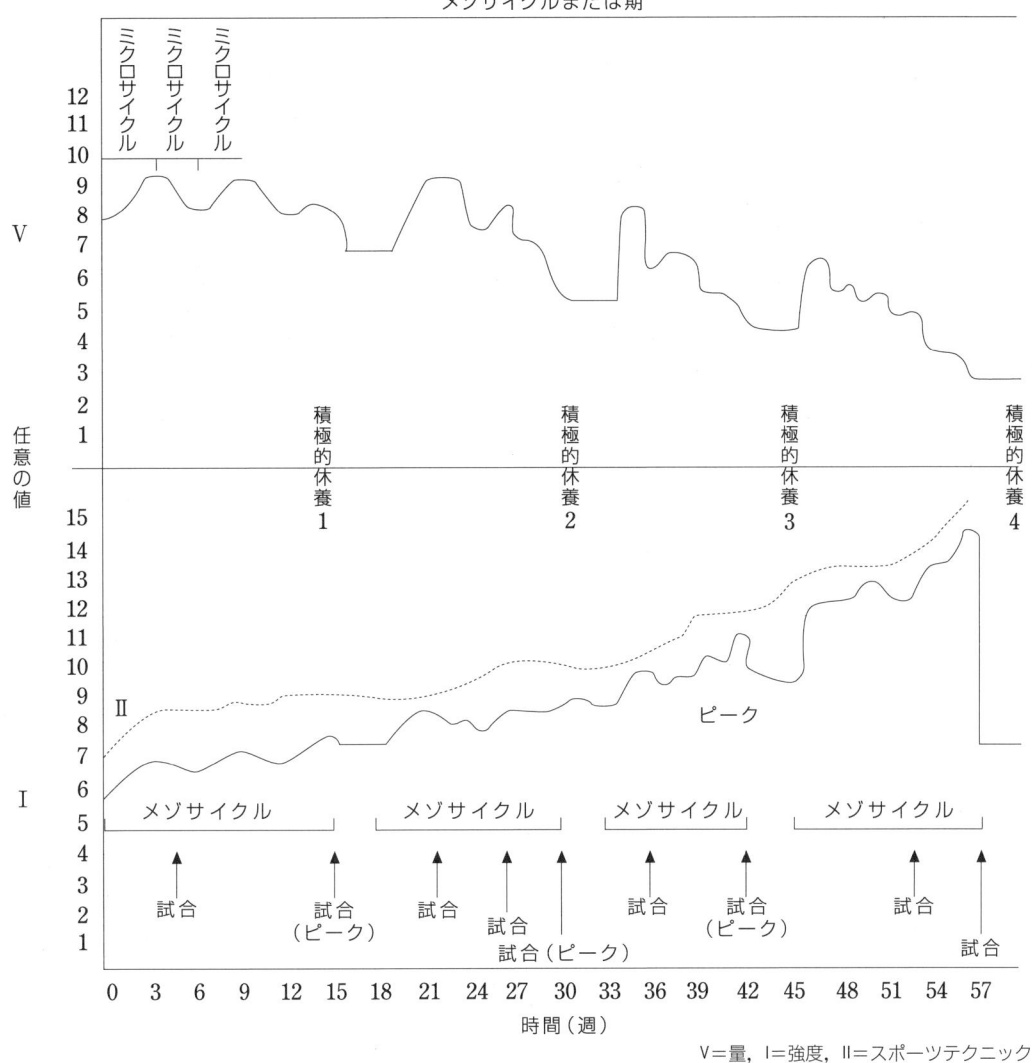

● 図2-4 ● オリンピックに向けての砲丸投げ選手のトレーニングにおけるサイクル[5]

強度のレジスタンストレーニングである。一般的に，移行期は各試合期終了後，1〜4週間程度設けるものである。なお，準備期が長期にわたる場合，その期間内に移行期が挿入されることもある。

また，この期間には，前シーズンの反省と次シーズンの目標（技術・体力・戦術）ならびにトレーニング計画の作成，体力測定の実施や故障箇所の徹底的な治療も含まれている。

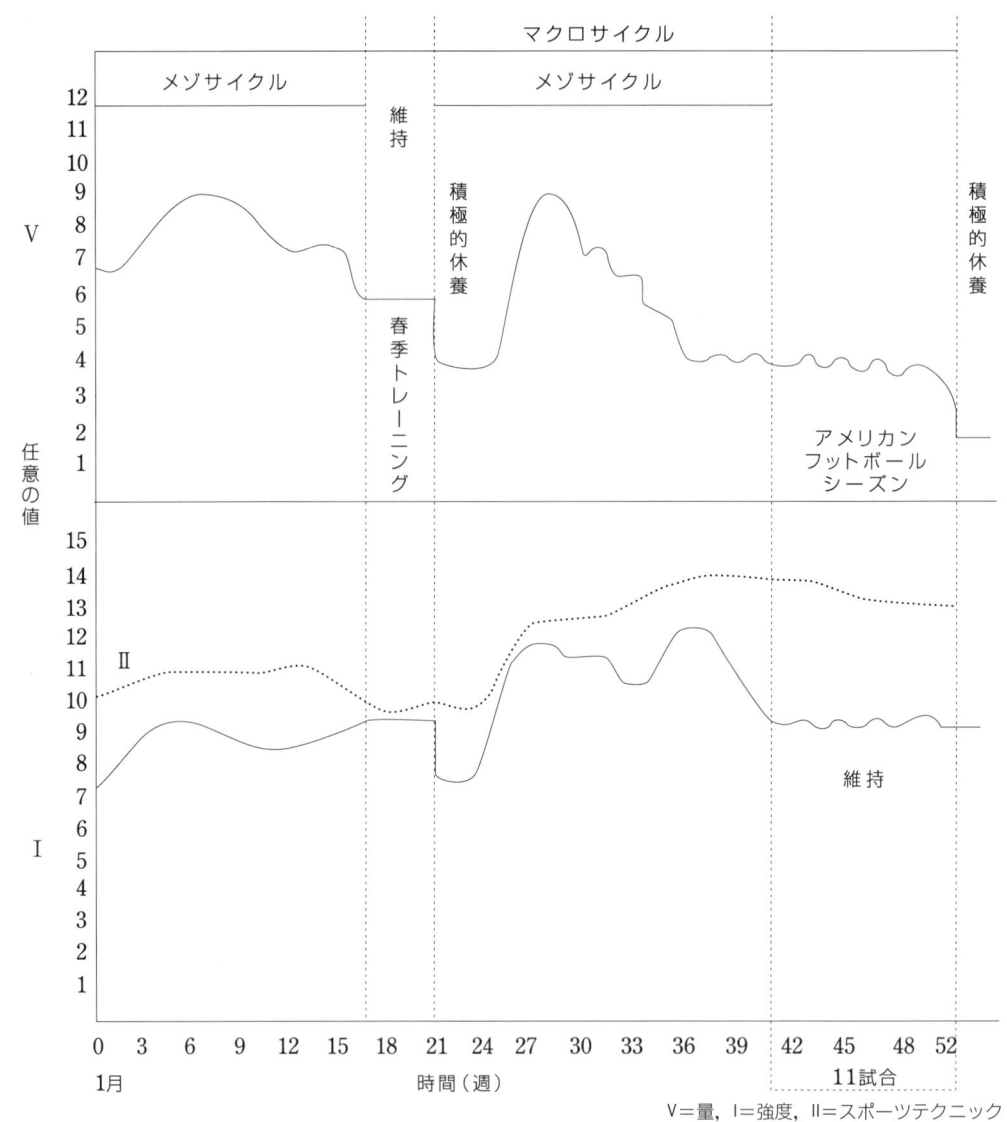

● 図2-5 ● チームスポーツにおけるマクロサイクル[5]

V＝量，I＝強度，II＝スポーツテクニック

2 トレーニングの様式

　トレーニングの様式には，柔軟性トレーニング，レジスタンストレーニング，代謝系トレーニング，スピードトレーニングなどがある。これらは，それぞれ**柔軟性**，**筋力**，**パワー**，**持久力**，**スピード**などの向上を目的として，実施されるトレーニング様式である。しかし，これらトレーニングのプログラム作成に当たっては，競技種目の特性や選手の競技レベルなどによって，その内容が異なることを十分に考慮する必要がある。

柔軟性
筋力
パワー
持久力
スピード

　特に，ここでは以上に挙げた一般的なトレーニング様式について，簡単に説明を加えていく。

(1) 柔軟性トレーニング

　柔軟性とは，ある関節（関節群）の運動可能範囲の大きさ，つまり関節可動域の大きさを示すものである。この関節可動域が大きいほど柔軟性が高いということができる。関節可動域には，主に**静的可動域**（動きの少ない，あるいは全くない中での可動域）と**動的可動域**（ある程度スピードを保った動きのある中での可動域）がある。これらは行うスポーツによって，また同じスポーツでもポジションによって求められるレベルが異なる。したがって，柔軟性のトレーニングプログラムを作成する際には，そのスポーツ動作で求められる柔軟性とそのスポーツを行う選手の柔軟性を調べる必要がある。

静的可動域
動的可動域

　柔軟性は，継続したストレッチングを行うことにより，向上することが知られている。ストレッチングには，関節可動域の拡大や，柔軟性の改善以外に，傷害予防や疲労回復などに効果があるとされている。またストレッチングは，主に静的および動的ストレッチングに分類されるが，一般的にストレッチングという場合には，持続的に長い時間静止したまま伸ばす**静的ストレッチング**（スタティックストレッチング）を指す。一方，**動的ストレッチング**は軽く反動をつけたストレッチングのことを

静的ストレッチング
動的ストレッチング

いい，これにはバリスティックストレッチングやPNF法などの方法がある。

1） 静的ストレッチング

静的ストレッチングとは，反動をつけずにゆっくりと筋を20～30秒間伸ばす方法である。このストレッチングの重要なポイントは，

・ストレッチング前に軽く運動をして体温を上げておくこと

・反動をつけないこと

・痛みをこらえないこと

・呼吸を止めずに自然な状態で行うこと

・マイペースで頻繁に行うこと

などである。また，頭から近い所から遠い所へ順序良く行うのが効果的である。

2） バリスティックストレッチング

バリスティックストレッチングとは，反動をつけて行うもので，姿勢は保持しない。この方法は，静的ストレッチングと同様，可動域の向上に関してほぼ同一の効果を得ることができる。しかし，反動をつけることから筋などを損傷する可能性が高く，特に傷害歴を有する部位をストレッチングする場合には，その危険性が高くなる。

3） PNF法

これは，パートナーなどの補助を借りて他動的に行うもので，主働筋と拮抗筋の両方について，収縮と弛緩を交互に組み合わせた方法である。つまり，ターゲットとなる筋に，最大努力での等尺性収縮を行わせ，その姿勢を4～6秒保持した後，その筋をリラックスさせ，ストレッチングを行うものである。

PNF法は，柔軟性の改善や筋の伸展に対する抵抗を取り去るということで，ウォーミングアップだけでなくパフォーマンスの向上，傷害の予防と治療，コンディショニングへも応用できる方法として活用されている。しかし，この方法の多くは熟練したパートナーを必要とするため，

※ PNF（Proprioceptive Neuromuscular Facilitation）とは，固有受容神経筋促進法ともいい，リハビリテーション医学などで用いられている技法である。人の筋は主働筋が収縮しているときに，拮抗筋が緩むことで効率よい収縮が行われる。PNF法は，このメカニズムを活用し，筋に最大収縮を与えて，それを察知した感覚受容器（筋紡錘など）の信号によって，収縮している筋の拮抗筋に最大の弛緩を生じさせる。本来は，神経麻痺など自分の意思で手足を動かせない患者のリハビリテーションとして活用されている。つまり，筋に外部から刺激を与えて収縮を引き出し，その神経の流れを脳に送って，本来ある脳から手足までの神経の流れを取り戻そうとするものである。

そのパートナーが未熟練者であれば傷害をもたらす危険性がある。したがって，導入する場合には，個々の選手やチームによってメリットとデメリットがあることを十分に考慮する必要がある。

(2) レジスタンストレーニング

レジスタンストレーニングとは，フリーウエイト（ダンベルやバーベル）などを持ち上げるウエイトトレーニングやマシントレーニングを問わず，一般に体の動きを妨げ，それに逆らうことで筋肉に刺激を与え，筋力を強化するトレーニングのことである。レジスタンストレーニングにおける筋活動には，主に**アイソメトリック（等尺性），コンセントリック（短縮性），エキセントリック（伸張性）**の3種類がある。また，これら以外にプライオメトリックトレーニングやアイソキネティック（等速性）トレーニングなどがある。

> アイソメトリック
> 　（等尺性）
> コンセントリック
> 　（短縮性）
> エキセントリック
> 　（伸張性）

1）アイソメトリックトレーニング

これは，筋の長さを変えずに力を発揮する**等尺性収縮**を利用したトレーニングである。このトレーニングの長所は，

> 等尺性収縮

- 少ないエネルギー消費で筋力増強が可能なこと
- 特別な器具や場所が必要ないこと
- 動きを伴わないのでけがをしにくいこと
- 疲労が比較的少なく，オーバートレーニングに陥りにくいこと

などが挙げられる。一方短所は，

- 敏捷性や巧緻性などは得られず，動的な筋力発揮において効果が少ないこと
- トレーニングした関節角度以外では効果が少ないこと
- 心肺機能の向上がないこと
- 負荷の強さなど目標がはっきりせず，面白みに欠けること
- 血圧が上昇しやすいこと

などである。また，アイソメトリックトレーニングの効果は，最大筋力の30％で起こり，40％以上では効果が変わらないとされている。6～10秒間最大努力の収縮を3セット程度行うのが，もっとも一般的である。

このトレーニングの具体例としては，動かない壁を押す，棒を引っ張る，胸の前で両手を合わせ互いに押し合うなどといったものがある。

　なお，最大筋力の50％以上で行う場合，ほぼ血流が止まってしまい，急激な血圧上昇を招くので，高血圧疾患者や高齢者には不向きなトレーニングでもある。

2） コンセントリックトレーニング

　これは，筋が抵抗に対して収縮するときに，筋の長さを短かくして力を発揮する**短縮性収縮（求心性収縮）**を利用したトレーニングである。たとえば，フリーウエイトなどを持ち上げたり，自重負荷を利用して腕立て伏せや腹筋を行うといった動作である。このトレーニングの利点は，アイソメトリックトレーニングと異なり，動作の速さを考慮した動的なトレーニングが可能なことである。しかし，危険性が高いことや，フリーウエイトやマシーンなどの格納場所が必要であること，用具自体の価格が高額であることなどの欠点がある。

> 短縮性収縮（求心性収縮）

3） エキセントリックトレーニング

　このトレーニングは，筋が抵抗に対して収縮するときに，筋の長さを長くして力を発揮する**伸張性収縮（遠心性収縮）**を利用したトレーニングである。たとえば，持ち上げていたフリーウエイトなどを重さに耐えながらゆっくり下げるような動作がこれに相当する。また，このトレーニングは筋の発達に関わる微細裂傷を引き起こすので，コンセントリック（短縮性収縮）トレーニングよりも筋肥大を効果的に引き起こす可能性があるといわれている。

> 伸張性収縮（遠心性収縮）

　なお，この筋の微細裂傷が筋肉痛の原因になると考えられている。

4） プライオメトリックトレーニング

　このトレーニングは，**プライオメトリックス**ともいい，筋が短時間内に最大筋力を発揮できるようにするトレーニングで，スピードが要求されるスポーツ種目（陸上競技，バスケットボール，バレーボール，ラグビー，野球など）において特に有効である。このトレーニングによって，

> プライオメトリックス

伸張—短縮サイクル（ストレッチ・ショートニングサイクル）の機能を改善し，爆発的なパワー発揮能力を高めたり，また爆発的なパワー発揮能力の向上により，これに関連するスプリント能力やジャンプ能力，アジリティー（敏捷性）などを改善することができる。たとえば，高い所から飛び降りて着地後すぐにジャンプをする動作（デプスジャンプ）などがこのトレーニングに相当する。また，その他に，その場でのジャンプやホッピング，バウンディングなどの動作もこれに含まれる。

　しかし，このトレーニングを行う場合，次のような点に注意しなければならない。

- ジュニア以下の選手にはデプスジャンプなどの強度の高いものを行わせないこと
- 体重の重い選手には内容を考慮すること
- 正しいテクニックを身に付けること
- 疲労した状態で行わないこと
- 一定レベルの柔軟性や筋力を身に付けておくこと

などである。

　特に，デプスジャンプ，メディシンボール投げやプッシュアップなどの衝撃の強いプライオメトリックスを実施する際は，次のような点にも注意しなければならない。

- 体重の1.5倍以上の負荷でフルスクワットができること
- 両手をたたく腕立て伏せが5回連続できること
- 体重115 kg以上の選手は体重，体重75 kg以下の選手は体重の1.5倍の重さでベンチプレスができること

などが実施条件として加わる。また，実施中は伸張から短縮への時間をなるべく短くすること（デプスジャンプなどの場合は，接地時間を短かくすること）が重要である。

　プライオメトリックスのトレーニング頻度は，通常1週間に1～3回で，身体の同じ部位を2日連続でトレーニングしてはならない。トレーニング量は，着地回数で考えると，初心者は1日80～100回，中級者は1日100～120回，上級者は1日120～140回程度である。またトレーニング強度は，低強度から高強度へ（たとえば，両脚ジャンプから片脚ジ

【膝上げジャンプ】

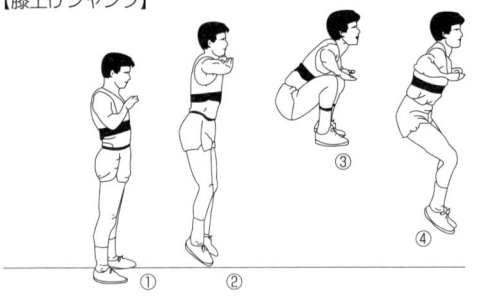

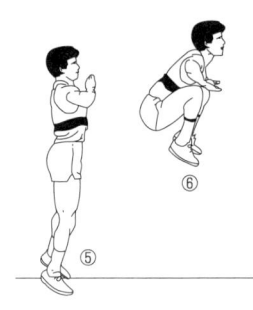

①胸の高さで手のひらを下に向けて構える
③すばやく膝を曲げ上方に跳躍する　膝は手のひら，胸につくようにする
⑤着地後，すばやく次の跳躍をする
⑥地面に接している時間はできるだけ短くする

【前後開脚ジャンプ】

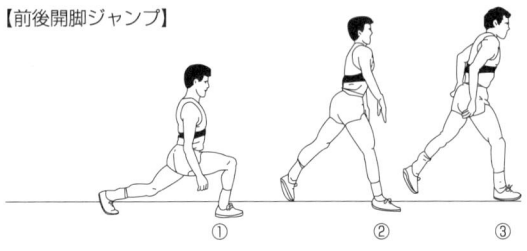

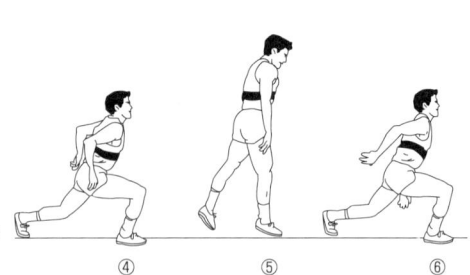

①前後に大きく開脚し，前の膝は直角にする
③できるだけ高く上方に跳躍する
④着地時には衝撃を吸収するようにする
⑤体勢を安定させ再び跳躍する

【交互脚跳び】

①片方の足を後方に位置させて構えるか，走ってきてもよい
②後方の足で地面をけり，踏み切る。腕を十分に利用する
③膝をできるだけ高く保つ
④高く遠くに跳ぶ
⑤着地足で再び踏み切り跳ぶ　この動作を8〜12回跳躍する

【片脚かかえ込み跳び】

①片脚立ちで構える
②できるだけ高く跳躍する
③かかとが臀部につくようにする
⑤着地後，すばやく次の跳躍に移る　この跳躍を8〜12回くり返し，反対の脚でも行う

● 図2-6-①　● プライオメトリックスの動作例①[28]

【ボックスジャンプ】

①着地後すぐに横向きに跳躍し再び台上に上がる
③台上より着地する
④着地後すぐに身体をひねりながら，後ろ向きで台上に跳び上がる
⑥台上に着地し，素早く上方に跳び上がる
⑧できるだけ高く跳んで後ろ向きのまま着地する

【デプスジャンプ】

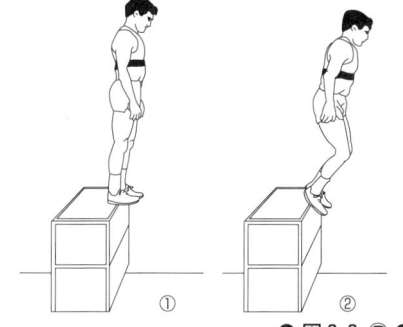

①かかとが台上に乗っているようにする
②台より自然に落下する（ジャンプして下りるのではない）
③着地の衝撃は膝を曲げて吸収する
④着地後，素早く上方に跳躍する

● 図2-6-② ● プライオメトリックスの動作例②[28]

ャンプにしたり，ハードルなどの目標物を高くしたり，デプスジャンプの台を高くしたりするなど），トレーニング量は強度が上がるにしたがって少量にしていく。さらに，デプスジャンプの場合，回復期間はセット間で2〜3分，トレーニング間隔で2〜4日程度のインターバルが必要である（図2-6）。

なお，6週間以上プライオメトリックスを継続して行うとけがの危険性が高まるので，実施期間にも注意が必要である。

5) アイソキネティックトレーニング

　このトレーニングは，運動速度を規定し，等速という特殊な条件下で行うものである。そのため，このトレーニングには，運動を等速にするための特別な機器が必要となる。このトレーニングの長所は，動作中のどの関節角度においても最大筋力を発揮するトレーニングが可能なことである。このことは，ある特定の関節角度を意識したトレーニングも可能にする。また，速度を選択できるため，ある特定の速度でのトレーニング効果も期待できる。高速の場合には，スピードトレーニングとしても用いることができる。さらに，速度や運動範囲を規定できるので，比較的安全にトレーニングを行うことができる。そのため，リハビリテーションの現場でこの方法が多く利用されている。しかし，このトレーニングでは伸張性収縮ができないという弱点もある。またこの収縮形態は動作に時間的な制限を与えるため，使用する機器が極めて高額になるなどの欠点がある。

（3）代謝系トレーニング

　人間が行う運動の直接のエネルギー源になっているものは，**ATP（アデノシン三リン酸）**といわれる高エネルギーリン酸化合物である。このATPが筋中でADP（アデノシン二リン酸）とPi（無機リン酸）に分解される時に，筋が活動するエネルギーを発生する。しかし，ATPは筋中にわずかしか存在しないため，すぐにATPを再合成しなければ次の活動が行えない。再合成には，**ATP-PC機構**，**乳酸性機構**，および**有酸素性機構**の3種類が動員される（図2-7）。また，動員されるエネルギー供給機構は運動の強度や持続時間などによって異なるので，競技力向上のためには，その競技種目の特異性に則って意図するエネルギー供給機構を主に訓練する必要がある（図2-8）。

　代謝系トレーニングは，競技種目の特性に応じて，エネルギー供給機構に負荷を与えるトレーニングである。つまり，筋中のクレアチンリン酸やグリコーゲンなどのエネルギー貯蔵量を増加させたり，有酸素的代謝や無酸素的代謝の反応を促進させるトレーニングである。また，これは主に**有酸素性トレーニング**と**無酸素性トレーニング**の2種類に分ける

ATP
アデノシン三リン酸
※エネルギー供給機構
・**ATP-PC機構**：無酸素性機構とも呼ばれる。短時間かつ高強度の運動，たとえばウエイトトレーニングやスプリントなどにおいて主にATPを供給するとともに，すべての運動開始時に動員される。
・**乳酸性機構**：解糖系とも呼ばれる。ATP-PC機構が主に動員される高強度の運動において，筋中のグリコーゲンを分解し，補助的にATPを供給する。しかし，無酸素的に解糖するため疲労物質である乳酸を生産する。
・**有酸素性機構**：酸化機構とも呼ばれる。低強度かつ長時間にわたる運動に動員される供給機構で，主に炭水化物や脂質などの栄養素を酸素によって分解し，ATPを再合成する。
有酸素性トレーニング
無酸素性トレーニング

ATP-PC機構

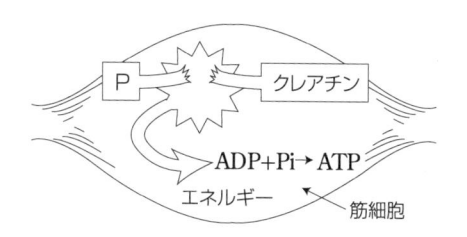

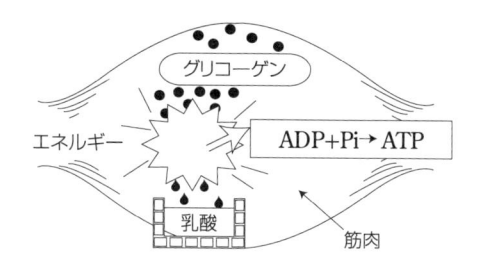

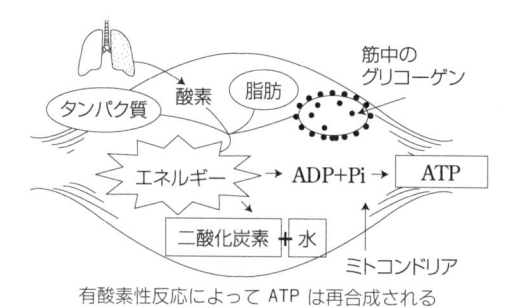

ADP+Pi → ATP
エネルギー
筋細胞

ADP+Pi → ATP
エネルギー
乳酸
筋肉

有酸素性反応によってATPは再合成される

● 図2-7 ● 3つのエネルギー供給システム[7]

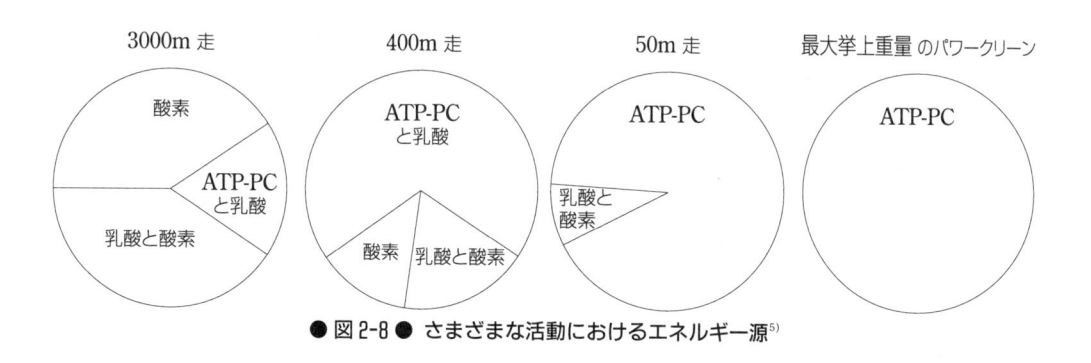

3000m走 / 400m走 / 50m走 / 最大挙上重量のパワークリーン

● 図2-8 ● さまざまな活動におけるエネルギー源[5]

第2章 トレーニング計画とその様式

ことができる。

1） 有酸素性トレーニング

　エネルギー供給の大部分が有酸素性機構によって賄われる運動を有酸素運動という。たとえば，ウォーキング，ジョギング，ランニング，ロウイング，サイクリング，ダンス，クロスカントリースキー，水泳などである。有酸素性トレーニングとは，このような低強度かつ長時間にわたる運動様式を利用し，有酸素能力を高めるトレーニングである。

　一般に最大心拍数の70～85％で，20分以上継続する運動を少なくとも週3回以上行う必要がある。特に，高い有酸素能力が求められるスポーツでは，有酸素性トレーニングを週4～6日行わなければならない。また，その競技種目の特異性も要求されるので，水泳選手であれば水泳，ランナーであればランニングといったように，それぞれの競技に極めて近い運動様式のトレーニングを行うべきである。さらに，パワー系種目の選手が過度の有酸素トレーニングを行うと，パワーや筋力が低下するので，この種目の選手はこのトレーニングを主に準備期の初期の段階に実施し，それ以降は一般的体力や身体組成を維持する程度に留めておく必要がある。

2） 無酸素性トレーニング

　一方，エネルギー供給の大部分が無酸素性機構（ATP-PC機構や乳酸性機構）によって賄われる運動を無酸素運動という。たとえば，アメリカンフットボール，野球，バレーボール，バスケットボール，800m以下の短距離走，100m以下の競泳などである。無酸素性トレーニングとは，上記のような継続時間が2分以内で高強度な運動様式を利用し，無酸素能力を高めるトレーニングである。また，この能力は**インターバルトレーニングやレペティショントレーニング**などを利用することによって，効果的に向上させることができる。

インターバルトレーニング

レペティショントレーニング

3） インターバルトレーニング

　インターバルトレーニングとは，各運動間や各セット間における回復

（休息）を不完全なものにして運動をくり返し行い，有酸素性能力（あるいは無酸素性能力）を向上させるトレーニングである。その際の休息時間は，運動種目，あるいは準備期や試合期などで異なってくる。たとえば，クレアチンリン酸がエネルギー源となる運動の場合は，運動と休息の比率は1：3となる。

● 表2-3 ● インターバルトレーニングのガイドライン

	インターバルスプリントトレーニング	インターバル中距離トレーニング	インターバル長距離トレーニング
主要なエネルギー系	クレアチンリン酸	乳酸	酸素
負荷時間(秒)	10〜30	30〜120	120〜300
回復時間(秒)	30〜90	60〜240	120〜310
負荷：回復	1：3	1：2	1：1
反復回数	25〜30	10〜20	3〜5

出典：Kemper, 1990

したがって，30m走を4秒としてインターバルトレーニングを行う時は，運動間の休息時間を12秒程度にする必要がある。また，乳酸がエネルギー源となる運動の場合は，運動と休息の比率は1：2となる。このため400m走を65秒としてインターバルトレーニングを行う時は，運動間の休息時間を130秒程度にする必要がある。インターバルトレーニングは主に準備期の中盤から終盤にかけて実施するのであるが，試合期が近づくにつれて，最大に近い強度でこのトレーニングを行うことになる。そのため，休息時間は徐々に延長され，各運動間における運動と休息の比率は1：6程度にまでなる（表2-3, 2-4）。

4）レペティショントレーニング

このトレーニングは，ほぼ全力の強度で運動し，疲労がかなり回復するまで休息時間をとって，再び前回と同じ強度の運動を反復するものである。したがって，インターバルトレーニングが有酸素的能力の向上を第一の目的としているのに対し，レペティショントレーニングは特に無酸素的能力の向上に役立つトレーニングであるということになる。

このトレーニングは，かなり強度の強いものなので，非鍛練者や発育期の者に対しては適さないという考え方もある。また，身体的ばかりでなく心理的にもかなりの消耗をきたすため，試合期の1〜2ヵ月前までは取り入れないほうがよい。

(4) スピードトレーニング

一般に，全身反応時間はトレーニングによって改善することが知られている。この時間は神経伝導速度と筋収縮速度により決定されるが，神

● 表 2-4 ● 代謝系トレーニングにおける時間配分

スポーツ	エネルギー系による時間配分（時間の割合，%）		
	解糖系と乳酸 （無酸素的）	乳酸と酸化 （無酸素的，有酸素的）	酸化 （有酸素的）
野球	80	20	ー
バスケットボール	85	15	ー
フェンシング	90	10	ー
フィールドホッケー	60	20	20
アメリカンフットボール	90	10	ー
ゴルフ	95	5	ー
体操	90	10	ー
アイスホッケー			
フォワード，ディフェンス	80	20	ー
ゴールキーパー	95	5	ー
ラクロス			
ゴールキーパー，ディフェンス，アタックマン	80	20	ー
ミッドフィールダー，マン・ダウン	60	20	20
ボート	20	30	50
スキー			
スラローム，ジャンプ，ダウンヒル	80	20	ー
クロスカントリー	ー	5	95
娯楽としてのスキー	34	33	33
サッカー			
ゴールキーパー，ウイング，ストライカー	80	20	ー
ハーフバックまたはリンクマン	60	20	20
水泳，ダイビング			
50ヤード（46m），ダイビング	98	2	ー
100ヤード（91m）	80	15	5
200ヤード（182m）	30	65	5
400ヤード（364m）500ヤード（455m）	20	40	40
1500ヤード（1371m）1650ヤード（1501m）	10	20	70
テニス	70	20	10
陸上競技			
100ヤード，220ヤード（201m）	98	2	ー
フィールド競技	90	10	ー
440ヤード（402m）	80	15	5
880ヤード（804m）	30	65	5
1マイル（1600m）	20	55	25
2マイル（3200m）	20	40	40
3マイル（4800m）	10	20	70
6マイル（クロスカントリー，9600m）	5	15	80
マラソン	ー	5	95
バレーボール	90	10	ー
レスリング	90	10	ー

出典：Fox and Matthews, 1974

　経伝導速度はトレーニングによって高めることが困難であることから，全身反応時間のトレーニングによる短縮効果は，筋収縮速度の向上によるものであると考えられている。つまり，全身反応時間（動作スピード）は，筋収縮速度の向上を目的としたスピードトレーニングによって改善されるのである。

その動作スピードを改善するトレーニングには，最大挙上重量(1 RM)の50％程度の軽い負荷で，意識的にできる限り速く重りを持ち上げるといったスピードを重視したレジスタンストレーニング，また傾斜角3〜7度での**ダウンヒルランニング（下り坂走）**やゴムチューブなどで身体を牽引するスプリントランニングなどの**スプリントアシステッドトレーニング**，さらにプライオメトリックトレーニングやバーベルを用いた**ジャンプトレーニング**などが挙げられる。

ダウンヒルランニング（下り坂走）
スプリントアシステッドトレーニング
ジャンプトレーニング

３ 超回復と休息

　トレーニングによって体力レベルを向上させるためには，ただやみくもにトレーニングを行うだけでなく，休息についても十分考慮することが重要である。ここでは，それらのトレーニング理論および方法，主にレジスタンストレーニング（フリーウエイトなどを持ち上げるウエイトトレーニング）によって筋を強化する際のトレーニングと休息の関係について説明する。

(1) 超回復

　トレーニングを行うとエネルギーが消耗し，一時的に体力は低下するが，トレーニング後に体力はその状態から元のレベルに戻ろうとする(この現象は通常回復と呼ばれているものである)。このとき，エネルギーの消耗や体力の低下が一定水準以上であったならば，回復後に体力は一時的に元のレベル以上に向上する。この現象を**超回復**と呼んでいる。

超回復

　特にウエイトトレーニングを実施する場合，この超回復という現象を十分考慮することが重要なカギとなる。この現象は，ウエイトトレーニング後，24〜48時間くらいの休息期間をとることによって起こり(個人差や運動量などによって異なる)，休息の間に筋量や筋力がトレーニング前よりも増加することを指すものである。

（2） 筋量増加のメカニズム

　筋量を増加させるには，筋線維の破壊と修復をくり返す必要がある。ウエイトトレーニングを行うと筋線維はいったん破壊され，回復期を経て，破壊される以前より少しだけ太い筋線維へと修復される。つまり，トレーニング後は筋線維が破壊されるので，トレーニング前よりも筋量は減少するが，適切な休息を与えることで修復され，さらには超回復が起きて，一度減少してしまった筋がトレーニング前よりも大きな筋になるのである。したがって，超回復が起こるのを待ってから次のトレーニングを行うほうが，筋量を効率的に増加させることができるのである。

（3） 休息時間の重要性

　上述したように，筋を増強させるためには，超回復を有効に利用することが重要となる。仮に，一定の休息期間を取らずにウエイトトレーニングを毎日のように行うと，筋は修復・増加する前に再度破壊されてしまい，筋量は減少していくのである。逆に，休息期間を取りすぎてしまうと，超回復によって一度増加した筋量をトレーニング開始前の状態に戻してしまうのである。

　図2-9のA点は，ウエイトトレーニング前の筋量を示している。トレーニングを行うことによって，筋量はB点まで減少（筋線維の破壊）し，筋線維の修復が起こってC点（A点と同じ筋量）まで筋量は増加する。次に超回復が起こると筋量はD点までさらに増加する。B点からD点までは通常24～48時間を要すると考えられている。この図からわかるように，適切な休息をとることによってD点はA点よりも高いところに位置するのである（図2-9）。

　図2-10は，適切な休息をとらずにトレーニングを継続し，逆効果を引き起こした例である。a点はトレーニング開始前の筋量を示している。トレーニング後，筋線維が破壊されるため図2-9の例と同じようにb点まで筋量は減少するが，休息期間をとらずに（筋の修復や超回復が起こる前に）次のトレーニングを行ったため（c点），筋線維は再度破壊され，最初の筋量（a点）よりも少なくなってしまう。つまり，超回復を

● 図2-9 ● 超回復を利用した場合の筋量変化

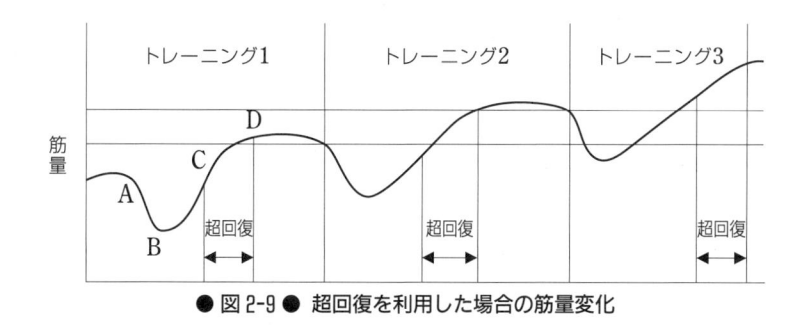

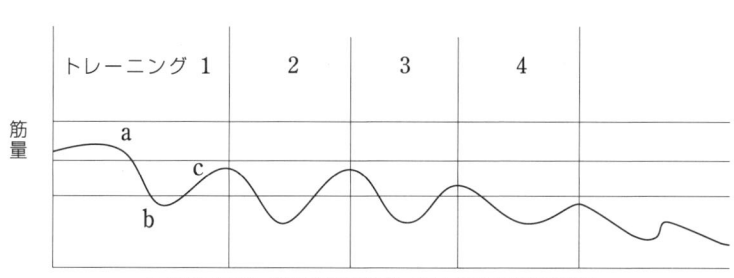

● 図2-10 ● 超回復を利用しない場合の筋量変化

待たずにトレーニング（筋線維の破壊）をくり返し行うと，筋量は減少していくのである。

なお，表2-5には超回復を利用した1週間のウエイトトレーニングの例を示した。

● 表2-5 ● 超回復を利用したウエイトトレーニングの例

例1

月曜日	ウエイトトレーニング
火曜日	休息
水曜日	休息
木曜日	ウエイトトレーニング
金曜日	休息
土曜日	休息
日曜日	ウエイトトレーニング

例2

月曜日	筋力トレーニング（上半身）
火曜日	筋力トレーニング（下半身）
水曜日	休息
木曜日	筋力トレーニング（上半身）
金曜日	筋力トレーニング（下半身）
土曜日	休息
日曜日	筋力トレーニング（上半身）

【参考文献・引用文献】
1）日本体育協会編，辻野　昭『C級コーチ養成講座 前編』（財）日本体育協会，1995年
2）Chargina, A., M. Stone, J. Piedmonte, H. O'Bryan, W. J. Kraemer, V. Gambetta, H. Newton, G. Palmeri, and D. Pfoff, " Periodization roundtable ", *NSCA Journal* 8 (5)：12-23, 1986, 8(6)：17-25；9(1)：16-27, 1987.
3）Pedemonte, J., " Historical perspectives on periodization, Part 2 ", *NSCA journal* 8(4)：26-29, 1986.
4）Stone, M., and H. O'Bryant, *Weight Training : A Scientific Approach*, Minneapolis：Burgess International, 1987.
5）Baechle, Thomas. R. 編，石井直方監修『ストレングストレーニング＆コンディショニング』ブックハウスHD，1999年

6）Bompa, T., *Theory and Methodology of Training*, Dubuque, IA : Kendall/Hunt. 1983.
7）Fox, E.L., *Sports Physiology*, Philadelphia : Saunders. 1979.
8）American College of Sports Medicine, *Guideline for Graded Exercise Testing and Exercise Prescription*, Philadelphia : Lea & Febiger, 1980.
9）村木征人『スポーツ・トレーニング論』ブックハウスHD，1994年
10）トレーニング科学研究会『競技力向上のスポーツ科学Ⅰ』朝倉書店，1989年
11）トレーニング科学研究会『競技力向上のスポーツ科学Ⅱ』朝倉書店，1990年
12）ボブ・アンダーソン『ボブ・アンダーソンのストレッチング』ブックハウスHD，1981年
13）「ストレッチングを使い分ける」『トレーニング・ジャーナル』1994年12月号，pp. 11-20
14）鈴木秀次「ダイナミックストレッチング」『コーチング・クリニック』1994年3月号，pp. 6-9
15）菅野 淳，西嶋尚彦「柔軟性プログラム」『トレーニング・ジャーナル』1994年3月号，pp. 73-77
16）鈴木秀次「スポーツPNFストレッチング」『コーチング・クリニック』1995年9月号，pp. 5-18
17）「からだのキレをつくる」『トレーニング・ジャーナル』1993年10月号，pp. 11-20
18）魚住廣信「PNFストレッチング」『コーチング・クリニック』1994年3月号，pp. 10-14
19）覚張秀樹，矢野雅知『スポーツPNFトレーニング』大修館書店，1994年
20）「PNFとスポーツPNF」*Sportsmedicine Quarterly*，No.14，1994年
21）野坂和則「レジスタンス・トレーニング」『体育の科学』48巻，1998年1月号
22）森谷敏夫，根本 勇編『スポーツ生理学』朝倉書店，1997年
23）山田 茂，福永哲夫『生化学，生理学からみた骨格筋に対するトレーニング効果』ナップ，1996年
24）「筋力トレーニング」*Sportsmedicine Quarterly*，No.22，1998年
25）魚住廣信『ソビエト・スポーツ・トレーニング』H.S.S.Rプログラムス，2000年
26）大畠 襄監訳『スポーツ外傷・障害のリハビリテーション』医学書院，1990年
27）大石三四郎ほか編，村木征人ほか著『現代スポーツコーチ実践講座2 陸上競技（フィールド）』ぎょうせい，1985年
28）James C. Radcliffe and Robert C. Farentinos 著，石河利寛監修『プライオメトリックス』ベースボール・マガジン社，1987年

まとめ

1. ピリオダイゼーション（期分け）の概念とは，トレーニングの専門性や強度，量などの段階的なサイクルの考え方をいい，トレーニング強度の低いものから高いものへ，またトレーニング量を多く行うものから少なく行うものへと，段階を経て移行していくものである。

2. トレーニングサイクルは，マクロサイクル，メゾサイクル，そしてミクロサイクルの3つに分類され，それぞれ通常1年間，3～6週間，1週間の期間となる。また，メゾサイクルは準備期，試合期，および移行期から構成される。

3. 準備期は，主にコンディショニングを行う期間であり，それは筋持久力向上および筋肥大，筋力強化，パワー強化の3段階からなる。

4. 試合期は，筋力の維持に努め，よりパワーを高めるために，徐々に負荷強度を高め，量を減らしていく期間である。また，この期間には，最重要試合に向けてのシミュレーションも行われる。

5. 移行期は，試合期のストレスを解放するために，トレーニングは非特異的で低強度，少量のものとなる。また，この期間には，トレーニング計画の作成や体力測定の実施，故障箇所の治療なども含まれる。

6. トレーニングの様式には，柔軟性トレーニング，レジスタンストレーニング，代謝系トレーニング，スピードトレーニングなどがある。しかし，これらはトレーニングサイクルの時期や競技種目の特異性，競技レベルなどによって，その内容が異なるので，実施する際には十分に注意する必要がある。

7. 超回復は，ウエイトトレーニング後に24～48時間くらいの休息期間をとることによって起こる現象で，その間に筋肉の総量がトレーニング前よりも増加することをいう。これによって筋量を効率よく増加させることができる。

第3章

指導段階とその設定

1 指導段階の意味

　スポーツ指導は，ある特定の種目について参加してみたい，体力をつけたい，どのようにすれば上手になるのだろうか，どうすれば勝てるのかと思っている人たちへの指導である。スポーツや各種の身体活動を実施する時の目標として大きくは，競技として勝利を追求し，記録の向上を求める，生涯スポーツとして健康・体力の維持向上，仲間づくり，気分転換をさせる等がある。指導者は楽しく参加させてあげたい，長続きさせてあげたい，どうにか上達させたい，勝たせてやりたいと思う。そのためには，体力をどのようにつければよいのか，技術をどう向上させればよいのか，その過程において**安全性は確保**できているのか等を，指導する段階で考慮しなければならない。スポーツの上達は，未熟から熟練への過程を経る。その指導上，技術は易から難の系統がある。こうした過程を踏まなければ，スポーツ障害をおこしたり，途中でスポーツ活動を挫折しかねない。

スポーツ指導

安全性の確保

2 一般的指導段階の設定

(1) 身体的発達の特徴

　スポーツ指導において，発育期，成人期，中年期，高齢期といった各年齢によった身体の特性に応じてカリキュラムを作成することが重要である。

1) 発育期

発育期においては，適切な運動を行うことによって，形態や機能の望ましい発達と運動能力の向上がみられる。そのため，発育段階での特徴を理解して，スポーツやトレーニングを合理的に活用することが重要である。発育については，次のような一般原則がある。

① 発育は連続的であるが，速度は一定ではなく，伸長期，充実期などが異なっている。神経系の発達はもっとも早く，筋系の発達期は思春期である。

② 人間の臓器は発達期に正常な発達を妨げられると，永続的な機能障害を残すことがある。

③ 運動にはそれを習得するのに適した時期があり，この時期を逃すと習得に時間がかかったり困難となる。

④ 発育が進むと個人差が大きくあらわれてくる。

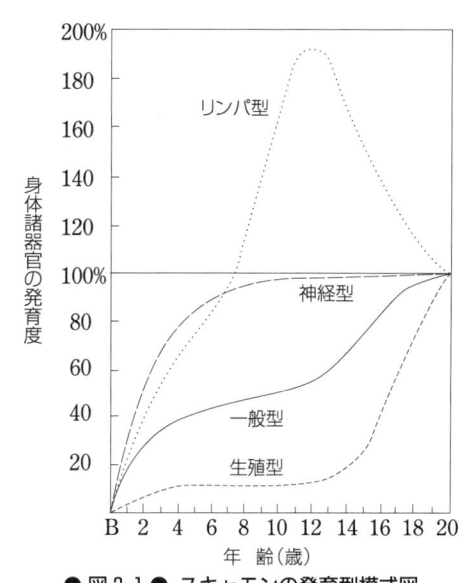

● 図3-1 ● スキャモンの発育型模式図
出典：Scammon, R. E., The Measurement of Man, Univ. Minnesota Press, 1930

発育期
・幼児期
・児童期
・思春期
・青春期

発育期は次のような発育過程に分けられており，それぞれ特徴がある。

幼児期：1～6歳までをいい，形態発達は比較的ゆっくりであるが確実に進行する。この時期は，発育が著しい時期であり，感覚機能，精神機能ともめざましい発達を示す。神経機能は6歳までに90％の発育をみせる。

児童期：6～11歳までの小学生の時期で，身長，体重の増加する速度はほぼ直線的である。機能の発達は質的変化が大きく，多くの運動，動作が身についてくる。また，社会的適応の進歩がみられる。

思春期：性成熟の面からとらえた発達の一段階である。一般に女子は10歳，男子は12歳頃からとされる第二次性徴が発現する。この時期は身長や体重も急激に増加し，運動能力も大きな伸びを示す。この時期あたりから本格的なトレーニングを専門的に行うのがよい。一方，形態と機能発達のアンバランスのため起立性調節障害や自律神経失調症なども起こしやすく，精神的に不安定な時期でもある。

青春期：高校生以降で，この時期に著しい身体的変化は男子では男性

ホルモン (androgen)，女子では女性ホルモン (estrogen) の分泌の促進がみられ，性的機能が成熟する時期である。身長は16歳以降，年間増加量が次第に減少するとともに化骨(かこつ)が完了に近づく。体重には増加が見られ身体的な発育発達が完成に近づく。

発育期はこのように心身ともに大きな変化をする時期でもある。したがって，スポーツのカリキュラムも，発育発達に即して作成する必要がある。

2） 成人期

成人期

成人期は，発育が完了した20～30歳台とされている。この年代では一般に社会人生活が始まり，また，結婚や出産など家庭生活の基盤が作られる時期である。この年代は，20歳頃の体力のピークが年齢とともに徐々に低下していく時期でもある。

3） 中年期

中年期

罹患者数の増加：生活習慣病の増加

中年期は，40～60歳までとされる。40歳以降，体力の低下が顕著になり，個人差も大きくなる。筋力の中でも特に脚力の低下が激しい。また，細胞の老化が進むことにより，細胞数の減少が始まり，新陳代謝が低下し，肥満傾向になったり，防衛体力が低下することによって**罹患者数も増加**する時期である。そのためにも，中年期では，スポーツを生活の中に取り入れ，実践することが不可欠といえる。

4） 高齢期

高齢期

高齢期は，60歳以上であるが，2つの年代に分けられている。第1は，60～75歳までの年齢で，軽い労働や短時間の勤務が可能な年代である。第2は，75歳以上で日常生活を中心とした生活をする年代である。高齢者についても，自らの意志で活動できるよう，年齢に合った体力と健康を守る必要がある。そのためにも，定期的に行うことのできるスポーツ種目が必要である。

（2） スポーツの種目の技術構造からの分類

スポーツの種目には，**個人的種目，集団的種目，対人的種目，相対的種目**がある。

個人的種目
集団的種目
対人的種目
相対的種目

① 体操競技などの，一定のかたちの運動ができることを課題とするもの（個人的種目）。

② 陸上競技や水泳競技などの，個人の最高能力の発揮を課題とするもの（個人的種目）。

③ 剣道や柔道などの，変化する対人的条件のもとで接触があり，互いに相手の動きに応じて動き，相手を打ったり，倒したりすることを課題とするもの（個人的種目・対人的種目）。

④ バスケットボールやサッカーなどの，身体接触をする場合が多く，変化する集団対集団のもとで，ディフェンス，オフェンスを繰り返し，個人が集団の一員としてボールを操作したりして得点することを課題とするもの（集団的種目）。

⑤ バレーボールなどの，ネットで左右に分かれ，相手との接触プレーがなく，協力プレーが重視され，得点することを課題とするもの（相対的種目・集団的種目）。

⑥ テニスやバドミントンなどの，ネットで左右に分かれ，相手との接触プレーがないが，相手の動作を読んでボール（シャトル）を操作したりして得点することを課題とするもの（相対的種目）。

⑦ 野球やソフトボールなどの，攻撃側と，守備側が一定期間はっきりと分かれて個人が集団の一員としてボールを操作したりして得点することを課題とするもの（集団的種目）。

（3） 練習方法による分類

1） 集中練習と分散練習

集中練習は，練習中に休憩を全く，あるいは，ほとんど取らない方法で，集中練習の明らかな利点は，最大限の時間をそのスキルに費やすことができ，習得しようとしているスキルが簡単に実行できることである。

集中練習

分散練習は，練習時間と休息時間に分けられ，新しくて，複雑なスキル

分散練習

を学ぶ時に有効である。必要であればいつでも休憩が許される。

2) 全習と分習

　全習は，その活動またはスキルを完全に1つのかたちとして学習する方法であり，**分習**はその逆に部分をとらえ学習する方法である。ただしテニスでいえば，試合もしくは試合形式が全習であり，フォアハンドストロークの練習が分習であるが，フォアハンドストロークが全習という考えもある。それは，フォアハンドストロークを行うのに，グリップの握り方，フットワーク，テイクバック，フォロースルーなど部分に分けることができるからである。フォアハンドストロークを全習と考えるか分習と考えるかは，指導者自身の考え方による。

全習
分習

（4） ねらいとする体力の分類

　競技力を高めるためのスポーツトレーニングでは，身体のどの機能や形態をトレーニングするのか，体力を向上させるためには，体力のどのような要素が必要なのかを把握しておく必要がある。体力は**行動体力**と防衛体力に**分類**され，行動体力の中に，①行動を起こす能力，②行動を持続する能力，③行動を調節する能力がある（図3-2）。

　スポーツトレーニングの主眼は，スポーツ種目の技能習得にあるが，スポーツ技能のトレーニングと併行して，技能の母体となる身体づくりや身体の動きづくりなどの補強トレーニングを実施することによって，総合的に高い能力を育成しようとするものである。

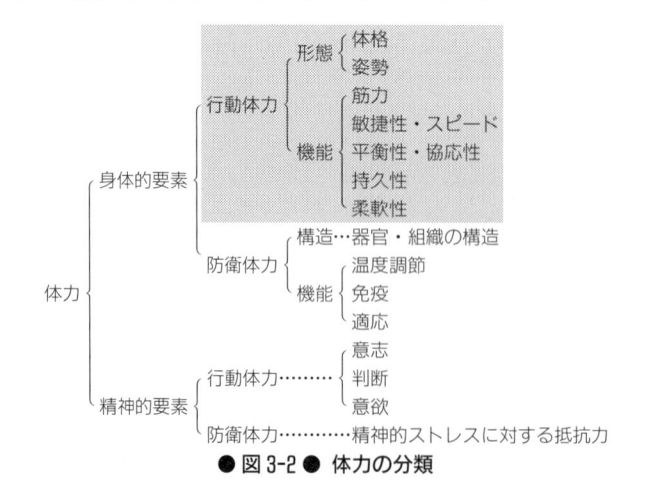

行動体力
分類

体力 ─┬─ 身体的要素 ─┬─ 行動体力 ─┬─ 形態 ┬─ 体格
　　　│　　　　　　　│　　　　　　　│　　　　└─ 姿勢
　　　│　　　　　　　│　　　　　　　└─ 機能 ┬─ 筋力
　　　│　　　　　　　│　　　　　　　　　　　├─ 敏捷性・スピード
　　　│　　　　　　　│　　　　　　　　　　　├─ 平衡性・協応性
　　　│　　　　　　　│　　　　　　　　　　　├─ 持久性
　　　│　　　　　　　│　　　　　　　　　　　└─ 柔軟性
　　　│　　　　　　　└─ 防衛体力 ┬─ 構造…器官・組織の構造
　　　│　　　　　　　　　　　　　 └─ 機能 ┬─ 温度調節
　　　│　　　　　　　　　　　　　　　　　 ├─ 免疫
　　　│　　　　　　　　　　　　　　　　　 └─ 適応
　　　└─ 精神的要素 ─┬─ 行動体力………┬─ 意志
　　　　　　　　　　　│　　　　　　　　├─ 判断
　　　　　　　　　　　│　　　　　　　　└─ 意欲
　　　　　　　　　　　└─ 防衛体力…………精神的ストレスに対する抵抗力

● 図3-2 ● 体力の分類

体力の分類

（5） トレーニングの原則

トレーニングを安全でかつ，効果的なものにするには，次のような一定の原則を考慮して行う必要がある。

1） 全面性の原則

トレーニングは，特定の体力要素や特定の部位に偏らないことが重要である。心身の機能が全面的に，調和を保って高められるようにすること。この原則は，特に発育期の青少年のトレーニングにおいて重要である。

全面性の原則

2） 意識性の原則

何を目的にトレーニングするのか，このトレーニングの意義は何かをよく理解し，積極的にトレーニングを行える状態にする。このために，指導者が，トレーニングの目的，方法，理論などを十分に説明する必要がある。

意識性の原則

3） 漸進性の原則

体力や技術の向上とともに，しだいに運動の強さや量，技術のレベルなどを漸進的に高めること。すなわち，軽い運動から強い運動へ，容易な運動から難しい運動へと，個人の到達レベルに応じて運動内容をすすめる。

漸進性の原則

4） 反復性の原則

運動は，繰り返し反復することによって効果をあらわすのであって，1日や2日では効果はあらわれない。規則的に長時間継続して行う必要がある。

反復性の原則

5） 個別性の原則

個人の差を考慮して，各人の体力や技能に応じた運動を行うこと。このためには体力や技能の評価などによって，個人をよく理解し指導を行

個別性の原則

わなければならない。

（6） 体力トレーニングの基本原則（運動処方）

運動・トレーニングを実施していく場合，何でもがむしゃらに行ってよいというものではない。メディカルチェック・体力テストを受け，各個人の身体的特質や，健康状態に応じて，目標に照らして無酸素運動か有酸素運動か，あるいは，局部的運動か全身的運動かなど，正しい**運動処方**のもとでトレーニングを実施しなければならない。運動処方の作成には以下を考慮することが大切である。

運動処方

① 運動・トレーニングの種類

いつ，どこで，どのような種類の運動・トレーニングか。

② 運動・トレーニングの強度

どのような強さの（重量負荷・運動の速さ・脈拍等）運動か。

③ 運動・トレーニングの継続時間

1回の運動時間は，運動を継続する時間は。

④ 運動・トレーニングの頻度

1日の回数は。1週間の回数は。

⑤ 運動・トレーニングの注意点

ウォーミングアップ・クーリングダウンを必ず行い，体重・体調のチェックも行う。また，季節によって，服装やシューズにも注意を払う。

（7） 指導段階での安全性

スポーツ指導において，健康，体力，技能の向上を目指す場合，安全の確保は必要不可欠である。

① 場所，用具，服装の点検。グランドが凸凹では捻挫が発生しやすいし，剣道の竹刀がささくれていたり，テニスのラケットにひびが入っていたりすると思わぬ傷害を招くことがある。

② 健康状態の正確な把握。疲労，睡眠不足，風邪，熱，貧血のときなどは，運動をすることで症状を悪化させることになりかねない。

③ 水分の補給。長時間にわたって汗をかくような運動を行う場合は，いつでも水分の補給をできるようにしておくことが望ましい。

④ スポーツトレーニングのプログラムの把握とその実践について理解させておくことも安全につながる。

⑤ スポーツ活動やトレーニングにおける安全管理についての知識と具体的指導。すなわち，自分の**コンディショニング**の把握と，トレーニングに当たっての安全性のチェックポイントについての指導。

コンディショニング

⑥ 練習の強度や時間とそれに伴う疲労と休息（睡眠を含む）の知識とその具体化の指導。

⑦ 救急施設やその連絡先，また連絡方法等についての指導。

⑧ 救急法の指導。

（8） ウォーミングアップとクーリングダウンの必要性

ウォーミングアップ（準備体操）は，体温を高めながら，心拍数を上げ，筋肉内の血流量を増やしたり，酸素の摂取能力を増加させたり，柔軟性を高め動きやすい身体の状態をつくる。また，それにより神経系もほどよい興奮状態になって集中力が高まり，気のゆるみから起こる事故を防ぐことにもなる。

ウォーミングアップ

クーリングダウン（整理体操）は，トレーニングを行ったあと，急に運動を止めてしまうのではなく，少しずつ身体を元の状態に戻すために行う。これらは，体調を整えトレーニング中に筋肉内にたまった疲労物質を取り除き回復を早くするために行い，次の日に疲れを残さないためにも必要である。

クーリングダウン

3 スポーツ種目の特性に応じた段階指導

【具体例：テニス】

いざテニスの試合をしようといっても，初心者にはなかなか難しい。実際にプレーしてみるとボールがラケットに当たらない場合もある。まず，問題となるのはラケットの長さ，重さ，ボールのバウンドの感覚である。ねらいとする全体技能をそのまま練習するのが全体練習であり，いくつかの部分技能に分けて練習するのが部分練習である。また，容易

なものから徐々に難しいものへと，系統的・段階的に練習していく段階的練習法を取り入れたりする必要がある。どのスポーツ種目もそうであるが，基本から応用の練習が大切である（図3-3）。

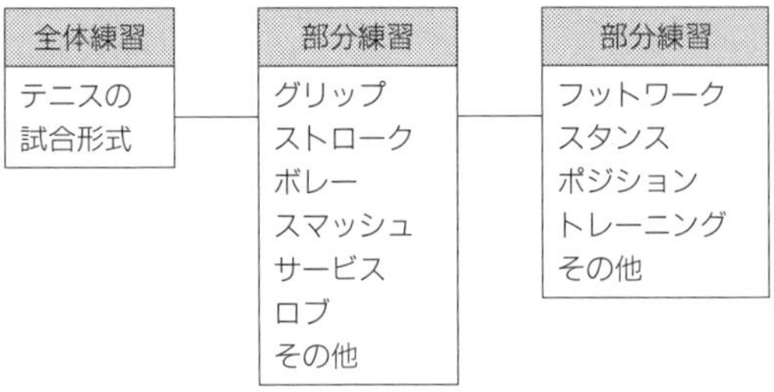

全体練習	部分練習	部分練習
テニスの試合形式	グリップ ストローク ボレー スマッシュ サービス ロブ その他	フットワーク スタンス ポジション トレーニング その他

● 図3-3 ● テニスにおける練習分類

(1) グリップの握り方

グリップの握り方には，イースタングリップ，コンチネンタルグリップ，ウエスタングリップ，セミウエスタングリップがある。それぞれに特徴があり，グリップが違えば，ストロークの方法やボールをヒットするときのスタンスや打点も違ってくる（図3-4）。

イースタングリップは，どちらかといえば初心者向きのグリップで，フォアハンド・ストロークをするときなどに使う。握手するときの握りに似ているので，シェイクハンド・グリップとも呼ぶ。人差し指と親指がつくるVの字がグリップの中央にくる。

コンチネンタルグリップは，フォアとバックのストロークが両方できるのが特徴で，アンダースピン（スライス）がかけやすいので，低い位置のボールをすくい上げるように打つストロークがしやすい。

ウエスタングリップは，トップスピンがかけやすいグリップで，高く弾んだボールを高い位置でとらえ，オーバーコートしないようにトップスピンをかけるのに最適である。

セミウエスタングリップは，ウエスタンとイースタンの中間のグリップで，オープンスタンスでフォアハンド・ストロークをするのに最適である。現在，多くのプレーヤーが，このグリップを採用している。

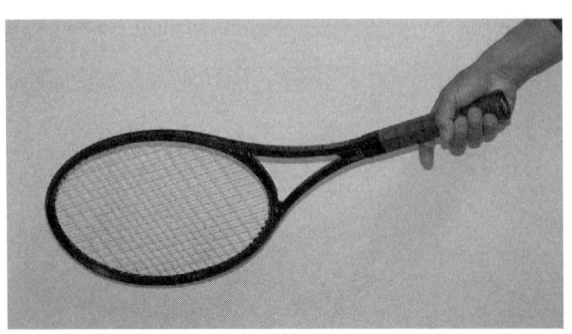

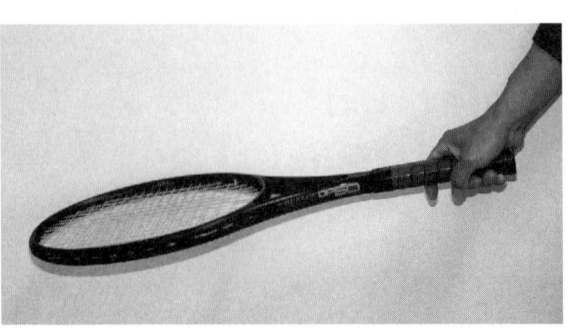

イースタングリップ　　　　　　　　ウェスタングリップ

● 図3-4 ● グリップの握り方

(2) ラケットでボール扱いに慣れる

　ストロークの練習に入る前に，まずラケットとボールの性質を，感覚的に身体に覚えこませるのが効果的で，ラケット・ボールと仲良くなるような練習が必要である。

　ラケット・ドリブル：ラケットでボールをドリブルしてみる。最初はゆっくり，だんだん速く，慣れたらラケットの表だけでなく，裏面も使い，表裏交互でドリブルを行う。さらに，ドリブルを行いながらコートを歩いたり走ったりする。

　ラケット・リフティング：ボールをコートに落とさないように上方につく。最初は低く，慣れたら高く上げ，ボールをラケットのスイートポイントでとらえる感覚を覚える。慣れてきたらラケットの裏面でつけるようにし，表裏交互にリフティングを行う。頭や顔を動かさないで，できるだけ視線だけでボールを追うようにする。

　ラケットでボールキャッチ：1～2m真上に上げたボールをラケットで弾まないように受け取る(キャッチする)。慣れてくれば，パートナーに軽くボールを投げてもらって受け取り，ボールの感覚をつかむ。

　簡単なボレー練習：パートナーに軽くボールを投げてもらい，ラケットの面をパートナーに向けボールを返す。スイートポイントにボールが当たるようにする。

(3) フォアハンド・ストロークとバックハンド・ストローク

　フォアハンド・ストロークは，テニス技術の中核をなす打法である。フラット，スライス(バックスピン)，トップスピンに分けられる。状況に応じて各種のショットが打てるようにしたいが，まずは，相手のコートに返すことである。

　バックハンド・ストロークは，初級者，中級者が最も苦手とするショットの1つであるが，一度覚えると，案外フォアハンド・ストロークよりも崩れにくいショットである。

（4） フォアハンド・ボレー，バックハンド・ボレー

ネットの近くで，ボールをダイレクトに返す技術である。勢いのあるボールを打つため，テイクバックをほとんどとらないで，ボールのコースに点でなく線のイメージでインパクトを心掛け，ラケットを差し出すように打つ。

（5） サービス

ゲームにおいては，このサービスが入ってこそゲームが開始される。ダブルフォールトをすれば，戦わずして相手のポイントとなるのである。ボールを自分で投げ上げるトスアップの正確さが，サービスの正確さを生む。球質から大別して，スライス，ハーフスピン，フラットの3通りがある。

> ダブルフォールト
> 1回目のサービス（ファーストサービス）を失敗した場合，2回目のサービス（セカンドサービス）を行うことができる。これも失敗してしまうと，相手のポイントになる。

（6） スマッシュ

ネットについていて，山なりのボールが返ってきたときに，サービスのスイングで，ボールをダイレクトにとらえて打ち込む技術。ボールの落下点にいかに素早く正確に入るかが重要なポイントになる。

（7） その他

実践的なプレーとして，アプローチ・ショット，ロブ，パッシング・ショット（パス），ドロップ・ショット，ハーフ・ボレー，アングル・ボレー，グランド・スマッシュ，ジャンピング・スマッシュなどがある。

4 イベントの参加をめぐる指導

スポーツイベントは，学校でクラブ活動を行ってきた人や，地域でスポーツ活動を行いたい人々，潜在的に身体を動かしたい人，健康づくりに関心のある人に対して組織的，計画的にスポーツをする機会を提供してきた。スポーツに対する自主的・自発的な行動の仕方を育てることが

できたかどうかは別として，**スポーツ人口**を拡大させる役割を果たしてきた。スポーツイベントといわれる内容には次のようなものが考えられる。

① 競技型イベント（競技大会など勝敗を第一主義的に志向するもの）
② レクリエーション型イベント（地域の運動会などスポーツ活動自体を楽しむことを目的としたもの
③ 学習型イベント（スポーツ教室などスポーツの技術，知識，マナーの習得，運動の仕方を習得するもの）
④ テスト型イベント（体力テスト会など個人の体力や運動能力を測定するもの）
⑤ トレーニング型イベント（ジョギング，ラジオ体操，サイクリング，歩こう会，走ろう会などの健康・体力の維持向上を目的とするもの）
⑥ 野外活動型イベント（海の家，山の家，ハイキング，登山，スキー，スケート，キャンプなど野外活動を楽しむことを目的とするもの）

イベントによっては野外活動型とトレーニング型を一緒にしたようなものがあったりして，現実には分類することがむずかしい場合がある。これらのイベントはそれぞれ固有の機能や役割を発揮し，それぞれ関連を保ちながら，その対象者に楽しさや喜びを味わわせたりしている。

> **スポーツ人口**
> 現在，人口の約35％が週1回以上のスポーツを行っているといわれている。

【参考文献】
1）茨城大学健康スポーツ教育研究会編『健康スポーツの科学』大修館書店，1999年，p.80
2）『現代体育・スポーツ体系 第8巻 トレーニングの科学』講談社，1981年，p.9〜
3）『A級スポーツ指導員教本』(財)日本体育協会，1993年，p.173〜
4）堀内昌一『基礎からの硬式テニス』ナツメ社，1999年
5）『C級教師教本』(財)日本体育協会，1994年，p.428〜

まとめ

1. 指導する段階で，安全性の確保を考慮しなければならない。
2. 各年齢の身体特性に応じたカリキュラムを作成することが重要である。
3. 発育についての一般原則の理解が必要である。
4. 生活習慣病予防には，スポーツを生活の中に取り入れることが必要である。
5. スポーツの種目には，個人的・集団的・対人的・相対的・混合的種目がある。
6. 集中練習とは分散練習，全習と分習の理解が必要である。
7. 体力は，行動体力と防衛体力に分類される。
8. トレーニングの原則には，5つの原則がある。
9. トレーニングの実施には，運動処方の作成が必要である。
10. トレーニングの前後に，ウォーミングアップとクーリングダウンが必要である。

第4章

指導形態と適正人数

1 指導形態

　スポーツ指導でよい効果をあげようとすれば，1人の指導者が何人の参加者を指導するかということは大変重要である。

　たとえば大学の大きな講義室では100人を超える学生が1人の教授の講義を受けることがある。この場合音響設備が整ってさえいれば，すべての学生は教授の言葉を聞き逃すことなく知識を習得することができる。ではその講義を数人，あるいは1人で聴いたとしよう。教授と学生の距離が近づくことによって集中力も高まるであろうし，質問もしやすく，そこに一方的な知識の伝授ではない対話が生まれる。同じ内容の講義でも後者の方が印象深く学生の耳に残ると思われ，よい指導のポイントは「少人数」と「コミュニケーション」であることが理解できる。

　スポーツ指導でも，指導者が間近に手本を示し個人の体力や技術レベルに応じた指導をするには1対1の個別指導や少人数の班別指導が有効である。しかしチームスポーツの場合は集団を対象とした指導も求められ，その場合には集団をどのように構成し指導者としてどうかかわっていくかということが指導の効果を大きく左右する。まずはさまざまな指導形態の長所と短所を十分に理解しておこう。

（1）　一斉指導　（図4-1） 　　　　　　　　　　　　　　　一斉指導

　1人の指導者が参加者全員を1つの集団として，一斉に指導する形態である。参加者全員が共通の課題を持っていたり同じ動作をすればよいときなど，指導者にとっては便利な方法である。学校における体育授業やクラブ活動での初心者指導など，あるスポーツを初めて指導するときの説明や基本練習でよく行われる方法である。この場合いかにわかりや

すく指示や示範（指導者の示す手本）を行うかということがよい指導の決め手となる。活動場所さえ十分であれば一度に多人数の指導ができ，効率の面ではもっともよい指導法である。

しかし一斉指導では目標や課題を参加者集団の標準レベルに合わせることになり，ある者にはあまりに簡単で退屈だと感じさせ，ある者には難しくて劣等感をいだかせ，いずれにしても意欲の低下につながりやすい。また参加者が目標を達成できているかどうかの評価も人数が多いと困難で，集団全体としてとらえることとなる。たとえば8割の者が目標に到達したと見て次の課題に進むとすると，2割の者はついてゆけない。結局は個別指導などで補う必要が出てくるであろう。

一斉指導は導入的な指導においては効率のよい方法であるが，長く続けてはいけない。状況を見て班別指導や個別指導に切り替えていくことを念頭に置いて用いるべきである。

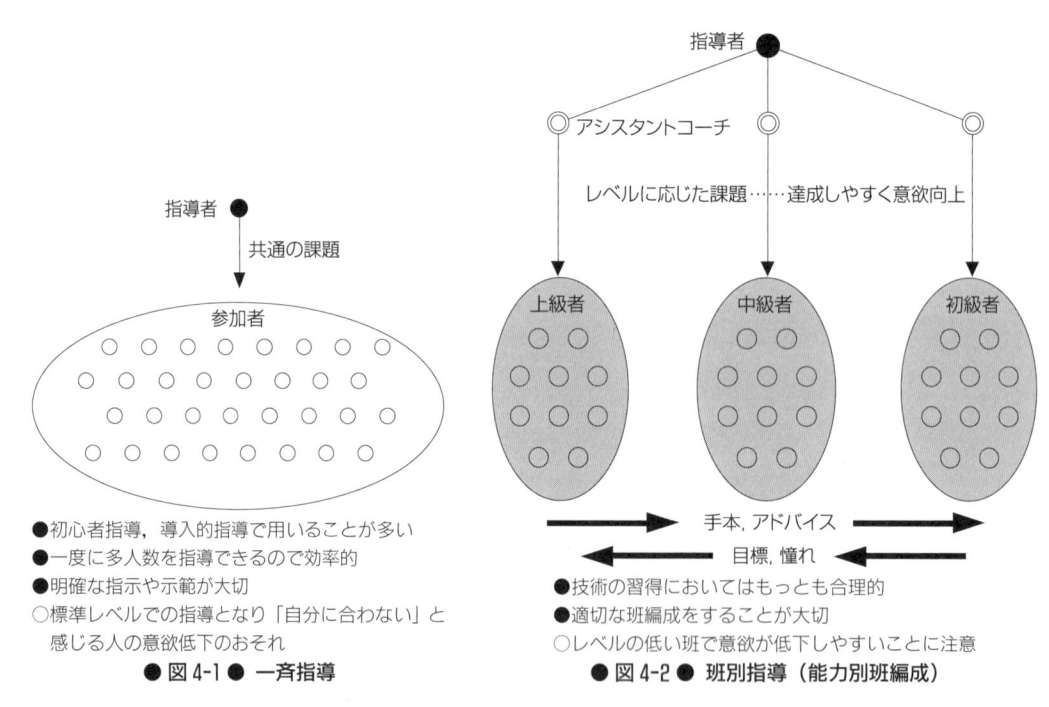

● 図 4-1 ● 一斉指導
- 初心者指導，導入的指導で用いることが多い
- 一度に多人数を指導できるので効率的
- 明確な指示や示範が大切
- 標準レベルでの指導となり「自分に合わない」と感じる人の意欲低下のおそれ

● 図 4-2 ● 班別指導（能力別班編成）
- 技術の習得においてはもっとも合理的
- 適切な班編成をすることが大切
- レベルの低い班で意欲が低下しやすいことに注意

（2） 班別指導 （図 4-2）

班別指導とは広義には参加者全体をいくつかの小集団に分けて指導することであるが，ここでは後に述べるグループ指導と区別して「参加者を等質の小集団に分けて指導する」方法として説明する。

班別指導

等質集団の編成としては一般的に上級者・中級者・初級者といった**能力別班編成**が考えられる。すなわち体力，技術，経験などのレベルが同等の者を集めて１つの班として指導する。レベルが同じであるから参加者の能力に応じた適切な課題を設定することができる。課題が適切であれば意欲も高まるし，切磋琢磨といった状況をうまく展開すれば目標の達成度が高まることが期待できる。これらが班別指導の長所である。

この班別指導を有効に行うためには適切な班編成がもっとも重要である。陸上競技のタイムのように参加者のレベルが数値で明確に表れるものはむしろ少なく，指導者は参加者を体力・技術・経験などから総合的に判断しなくてはならないし，時には性格などに配慮しなくてはならないこともある。つねに公正・客観性を持って参加者を観察する目を養いたいものである。

もう１点，班別指導では能力の低い班で意欲が低下しがちなことに注意すべきである。たとえばテニスやバドミントンの場合，初心者同士ではラリー練習そのものに無理がある。上級者を交替で入れたり，指導者が他の班より多くの時間を割いてラリーの相手をするなどの対応が必要である。

（３）グループ指導　（図 4-3）

グループ指導も参加者全体を小集団に分けるが，この集団は**異質集団**であるところが能力別の班別指導と異なる点である。グループ内には体力も技術も経験もさまざまなメンバーが含まれるようにする。この構成をいかしてグループ内でリーダー，サブリーダーをはじめ必要な役割分担を決め，互いに協力し合って活動を進めるように指導する。教育現場でよく用いられる方法である。

この方法の最大の長所は参加者の自主性をはぐくみ，みずから活動する意欲を高めることである。それが子どもたちであればこういった経験から将来のよき指導者が生まれることも期待できる。グループのメンバーが互いに意見を交換し一致団結して課題を解決してゆけるような状況をつくることが指導者の仕事である。

グループ指導をうまく機能させるにはやはりグループの編成が重要で

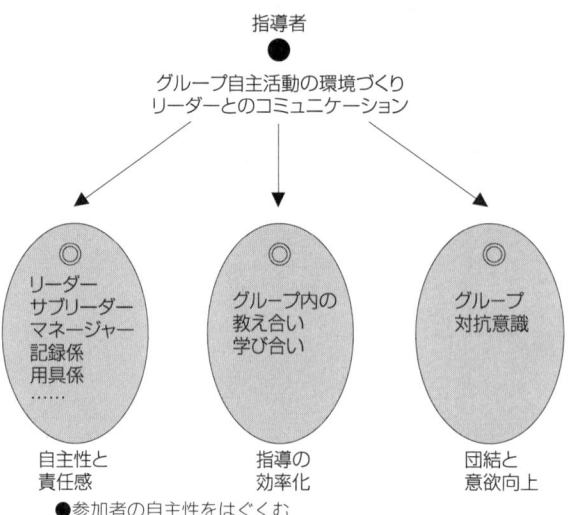

```
                    指導者
                     ●
         グループ自主活動の環境づくり
          リーダーとのコミュニケーション
       ↙           ↓           ↘
    ◎            ◎            ◎
  リーダー      グループ内の    グループ
  サブリーダー    教え合い      対抗意識
  マネージャー    学び合い
  記録係
  用具係
  ……

  自主性と        指導の         団結と
  責任感         効率化        意欲向上
```

● 参加者の自主性をはぐくむ
● 将来のリーダーなど人材の育成にも有効
● 適切なグループ編成と指導者の支援的働きかけが大切
○ リーダーの適性に活動の成否が左右される

● 図 4-3 ● グループ指導

ある。必ず各グループにリーダー的存在がいなければならない。またグループ対抗戦なども意欲を高めるよい手段であるが，そのためにはあらかじめグループ間の力が拮抗するようにバランスよく参加者をふりわけねばならない。班別指導の編成と同様に優れた観察眼が指導者に求められる。

　そしてグループのリーダーがしっかりしていることが大変重要であるが，リーダーといっても参加者の1人であるから過大な責任を負わせるわけにはいかない。指導者のほかにアシスタントコーチのような者を各グループに配置することが理想であるが，そうでない場合には指導者は各グループのリーダーとよくコミュニケーションを図り，リーダーを助けることが必要である。

　グループ指導の応用としてスポーツ種目によってはポジション別グループを編成して指導することもある。たとえば野球では投手・捕手・内野手・外野手のように同じポジションの者を集めてグループをつくる。この場合もそれぞれのグループの中に能力の高い者，年長者，初心者などさまざまなメンバーが含まれている点でやはり異質集団であり，リーダーを中心に活動させることができる。競技の中で担う役割，獲得しなければならない技術が共通しているので，下級生が上級生のアドバイス

を受けて上達するなど，やはり参加者の相互関係を重視した指導法である。この場合も指導者は各グループの動向をよく把握することが大切なのはいうまでもない。

(4) 個別指導　（図4-4）

個別指導は1人の指導者が1人の参加者を指導する方法である。本来スポーツの参加者は体力や技術，スポーツ参加の目的や目標，性格や生活の背景などさまざまであるから，同じスポーツに取り組む場合でも1人1人最善の方法はちがうはずである。個別指導では前に述べた班別指導よりもさらに的確に参加者の状況に応じた目標や課題，練習方法を選ぶことができ，きめ細かな指導を行うことができる。

1人の指導者が長期にわたって個人を指導する方法は個別指導の一形態で**マンツーマン指導**とよばれている。世界的なレベルで活躍する競技選手にはジュニアの頃から一貫したマンツーマン指導を受けて成功している例も見られる。指導者は個人の競技力や健康状態のほかに知的水準や性格なども熟知しておくことが必要であるが，よほどの信頼関係が築かれないと成功しないであろう。指導者の人格が問われる指導法であるため，独断的な指導でかえって選手の向上を阻害したり，プライバシーにまで立ち入って破綻したりということは避けたいものである。

それ以外に個別指導はさまざまな集団指導を補う形で用いると効果を発揮する。たとえば一斉指導でほぼ課題を達成できた者にはそれを反復練習する時間を与えておき，その間に課題を達成できない者に対する個別指導を行うようにする。個別指導は1人の参加者に1人の指導者がつきっきりとなり効率という点ではよくない指導形態であるが，一斉指導や班別指導，グループ指導の中で臨機応変にバランスよく取り入れるとよい。

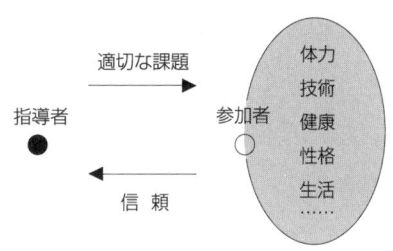

- ●個人の体力向上や技術習得の原則は個別指導
- ●一斉指導や班別指導を補うものとしても有効
- ○マンツーマン指導では過干渉や独断的指導に陥らないよう注意

● 図4-4 ● 個別指導

個別指導
マンツーマン指導

2 適正な指導人数とは

基本的にスポーツは身体を動かすものであるから，ある一定の広さの体育館あるいはグラウンドで同時に活動できる人数には物理的に上限がある。また目標の提示→説明と理解→示範→試行→評価→修正という手順を踏んで指導を行うことが基本であるから，一定の時間内に１人の指導者が見ることのできる人数にも上限がある。しかしサッカーの練習が２，３人では困難であるように，チームスポーツでは必要な人数の下限というものも考えられる。参加者の意欲を高め活動の成果を上げるには，多すぎても少なすぎてもいけない**適正人数**というものが存在するのである。

適正人数

スポーツ指導においては，種目の特性・施設の数や大きさ・安全面の配慮・指導者の数などに応じて，一度に指導できる適正人数を考えることが必要である。

(1) 種目特性の面から

1) 個人スポーツ（図 4-5）

個人スポーツの技術習得は個別指導が原則である。なぜなら，技術や体力レベルは参加者ごとに異なるから，指導者は１人１人に適切な目標と課題を与えてその成果を評価する必要があるからである。初心者の基礎指導などでは１人の指導者が多くの参加者に一斉指導をすることもできるが，競技レベルが高くなればなるほど個別指導が必要である。そのうえで１人の指導者が同時に何人の参加者を把握することができるかによって適正人数は決まる。

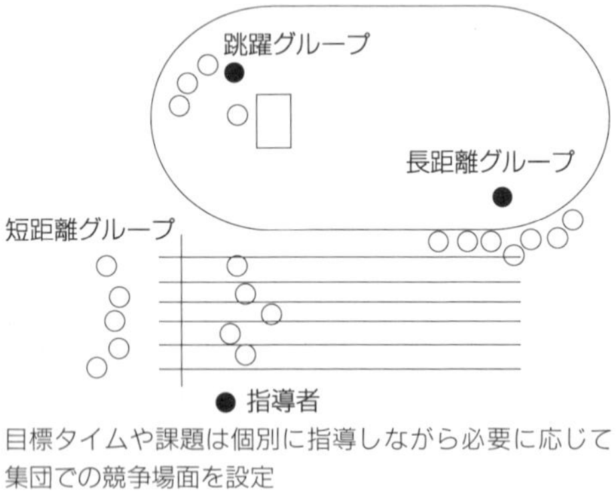
跳躍グループ
長距離グループ
短距離グループ
● 指導者
目標タイムや課題は個別に指導しながら必要に応じて集団での競争場面を設定

● 図 4-5 ● 個人スポーツの指導人数（陸上競技の例）

たとえば体操競技，フィギュアスケートなどは，技を身につけ表現する種目である。技術の向上には反復練習と指導者による細かいアドバイスが重要であり，参加者も他者と競争するというよ

り自己の演技に集中することが大切である。個人スポーツの中でももっとも個別指導の必要な種目であろう。

　一方，同じ個人スポーツでも陸上競技，競泳，スピードスケートなどはいわゆる競争型の種目である。走る，泳ぐといった運動自体は1人でもできるが，日々の練習の中で互いに競い合うことも大きな効果を発揮する。参加者のレベルに応じた個別指導を原則としながら，力の均衡した者同士の班別指導を取り入れたり，また力の差がある場合にはハンディキャップをつけるなどの工夫をして，いかにうまく競争の場面を作るかが指導者の手腕である。このとき，いつも同じ相手と競争することになると参加者にとって大きなストレスとなりかねないので注意が必要である。競泳や陸上・短距離走など，1人1コースを使用する場合は一度に競争できる人数が決まってくるが，長距離走でも1つのグループには10人までがよいであろう。

2）対人的スポーツ（図4-6）

　柔道，剣道，レスリングなどの格技や，テニス，バドミントン，卓球などの対人的スポーツでは，練習相手が不可欠である。こういった種目では自分より少しレベルの高い相手と練習すると上達しやすい。したがって，指導者がみずから練習相手をつとめて引っ張っていくような個別指導はたいへん効果的である。また相手によって戦術を変えるなど臨機応変な対応も必要であるから，レベルが同等の者を集めた班別指導でしかもその中にさまざまなタイプの練習相手がいることが理想的である。しかし人数が多いと実践練習の際に対戦する2人だけで練習場を独占し，活動効率が下がってしまう。基礎練習などではできるだけ「遊んでいる」人員を減らすよう工夫したうえで，試合場1つ分の柔道場であれば8～10人（4～5交替制で活動効率20～25％），テニスであれば1コート4～6人（2～3交替制で30～50％）ぐらいが適正人数であろう。

3）チームスポーツ（図4-7）

　チームスポーツのほとんどは球技である。この場合でもパスやシュートといった個人技能の習得には個別指導が必要であるが，ここでは集団

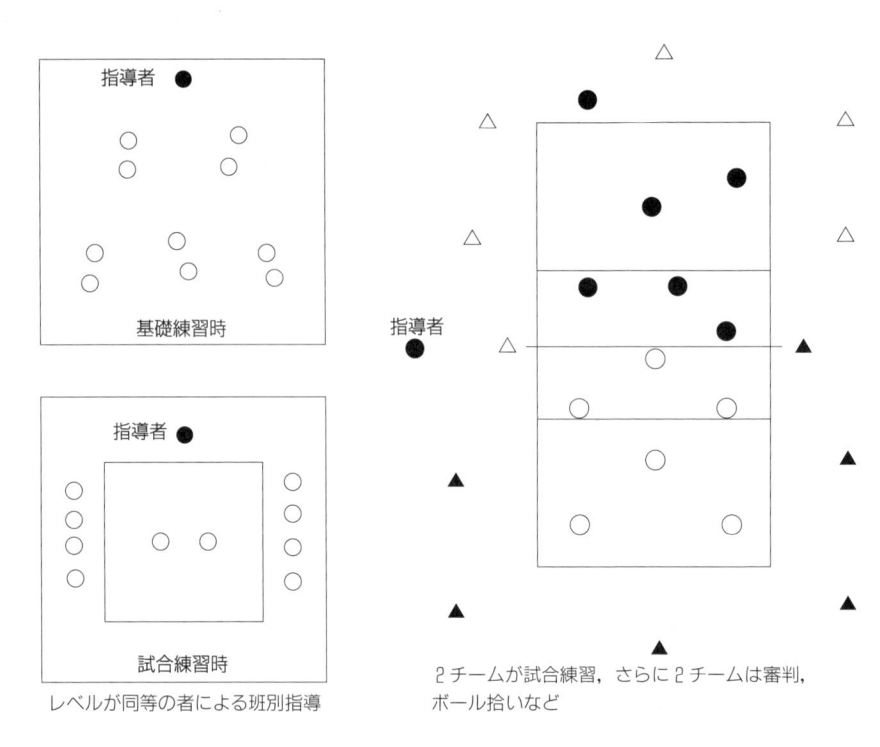

●図4-6● 対人的スポーツの
指導人数（柔道の例）

基礎練習時

試合練習時

レベルが同等の者による班別指導

●図4-7● チームスポーツの指導人数
（バレーボールの例）

2チームが試合練習，さらに2チームは審判，
ボール拾いなど

的技能の向上に欠かせない試合形式の練習について考えてみよう。

　試合形式の練習では野球型の種目を除けば1コートに4チーム分の人数が適正人数の目安であろう。1コートで同時に試合ができるのは2チームであるが，あとの2チームは休息しつつ審判やボール拾いなどの役割を担当する。バレーボールのようなネット型の種目は，相手コートにボールを打ち込むのであるからボールがコート外に転がり出ることが多く，ボール拾いのような人員の配置が必要である。バスケットボールやサッカーのようなゴール型の種目では比較的広いコート内で攻守が入り交じってプレイするため運動量が多く，参加者の疲労を十分に考慮しなければならない。またゴール型種目では審判の運動量も選手同等に多いので可能ならばもう少し余裕を持った人数配置が望ましい。このように考えると試合練習では1コートに4チーム分の人数，活動効率50％程度が目安となる。

　この各チームは原則として前に述べたグループ指導の観点から構成されたチームであり，チーム間の力は同等であるのがよい。班別指導の観点から作られたチームであればレギュラーチームや上級生チームにハン

ディキャップを与えて拮抗したゲーム展開になるよう工夫すればよい。1コートに4チーム分の人数とはバスケットボールなら20人，バレーボールなら24人，サッカーなら44人と，実際には1人の指導者の目が行き届くとはいいがたいが，各グループ内にリーダーを育てて自主性をはぐくみチーム間の競争による意欲を引き出せば，指導するのに多すぎる人数であるとはいえない。

ただし野球型の種目では両チームが交互に攻守を行うという特性からそもそもの活動効率が50％程度であり，これはあてはまらない。

(2) 施設，用具の面から （図4-8）

1人の人間があるスポーツをするのに必要な面積は，その種目によってさまざまである。たとえばラジオ体操であればいわゆる「両手間隔に広がって」1人当たり半径1mほど，前後左右のステップを伴うエアロビックダンスであれば全体としてもう少し広い空間が確保できることが望ましい。つまり適正な指導人数は施設の広さと1人当たりに必要な面積からもおのずと決まってくるのである。参考までに各種競技の正式ルールにおける1人当たりの競技場の広さを表4-1に掲げた。ネットやゴールなど用具の問題もあるが，バレーボールやバスケットボールは限られた空間で比較的多くの参加者が楽しめるスポーツであることがわかる。

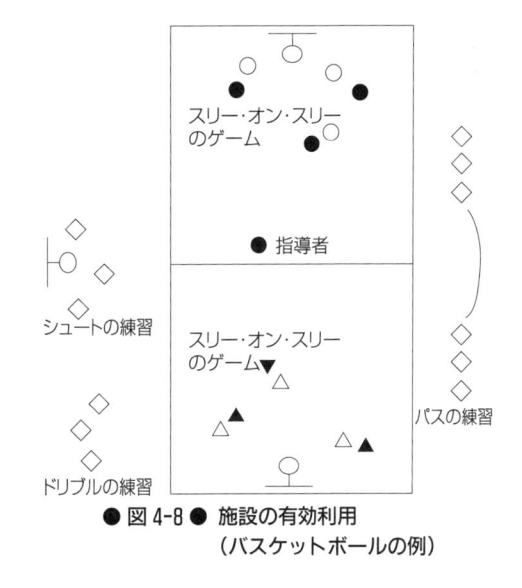

● 図4-8 ● 施設の有効利用
（バスケットボールの例）

そのバスケットボールでも，コート半面ずつを使った3人対3人のゲーム（スリー・オン・スリー）を採用すれば1コートで同時に12人プレイすることができる。さらにコート外の空いたスペースや練習用のバックボードがあればパスやドリブル，シュートの基本練習や補強トレーニングを行うこともできる。ゲーム練習を行うグループと適宜交替させれば限られた空間を最大限に利用した活動の展開が可能である。

また適正人数は施設の広さだけでなく用具の数にも左右される。指導者は事前に活動場所の広さとともに必要な設備や用具の数を確認し，一

度に指導できる適正人数を決めておく必要がある。ラケットのように1人が1つ使用するものはその数によって同時に指導できる人数が限定されるし，ボールも2人に1つあるのが望ましいが，少なければ指導人数か指導内容を調整しなくてはならない。逆に野球やバレーボール，テニスの送球マシン，防球フェンスなど，それを有効利用することによって指導者や参加者の負担を減らし結果的に活動人数を増やして効率を上げることのできる用具もある。

● 表 4-1 ● 各競技における1人当たりの競技場面積
（ルールに基づく標準値）

種　　目	競技場面積	試合人数	1人当たり面積
柔道	81 m²	2	40.5 m²
テニス（単）	195 m²	2	97.8 m²
テニス（復）	261 m²	4	65.2 m²
バスケットボール	420 m²	10	42.0 m²
バレーボール（6）	162 m²	12	13.5 m²
ハンドボール	800 m²	14	57.1 m²
サッカー	6400〜8250 m²	22	291〜375 m²
ラグビー	6900 m²	30	230 m²
野球	10000 m²	18*	769.2 m²

※野球はその特性から球場面積を守備チーム9人と打者1人，走者最大3人の合計13人でわり算した。

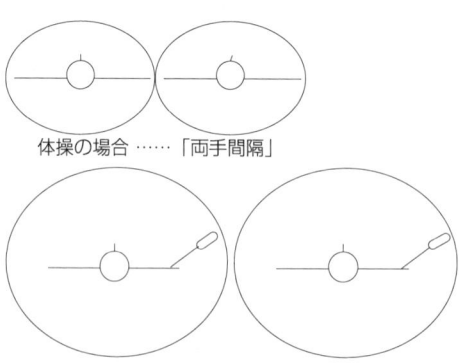

体操の場合……「両手間隔」

ラケットを持った分だけリーチが長くなることに注意
● 図 4-9 ● 安全な間隔

（3）安全面から　（図 4-9）

　スポーツ指導を考えるとき，ある意味でもっとも重要なことは参加者の安全の確保である。ある指導者によってチームの成績が向上したとしても，多くのケガ人や故障者を出していては指導者として失格である。指導者は常に参加者の安全に留意し最悪の事故を避けねばならない。

　スポーツ活動中の事故の原因を調べると，多くの種目で「衝突」が3位以内にあげられている。狭い場所で多人数が活動すると衝突の発生率が高まるのは当然である。一斉指導で基本練習を行う際などは各参加者の周囲にその動作を行うのに十分な広さを確保して一度に指導する人数を決める。ラケットやバット，クラブなどを使う場合はさらに広い空間が必要だが，初心者はそういった用具の長さを正しく認識できていないことがあるから注意を要する。

　適正人数という点からははずれるが，安全のために走ったり投げたりする方向やタイミングを的確に指示するなど，参加者全体の流れを調整

することもたいへん重要である。

（4） 指導者数から　（図 4-10）

スポーツ指導の原点は個別指導であり，完全な指導を求めれば1人の指導者が1人の参加者しか指導できないことになるが，それは現実的な話ではない。

一斉指導や班別指導，グループ指導の中にときに応じてできるだけ個別指導を取り入れたとしよう。1人の指導者が注意を傾け本当に指導できるのは1日に1～2人である。残りの参加者には疎外感を与えることになるが，次の回にはまた別の者に重点を置いて指導するなど，すべての参加者に順次個別指導の機会を持つような工夫が考えられる。少なくとも週2，3回というように活動の頻度が高く，長期にわたって指導できる集団であればこういった方法でかなり多くの参加者を満足させることも可能である。学校教育現場では1年間を通じて毎日顔を合わせることで1人の担任教諭が30～40人の児童を掌握していると考えられる。

またグループ指導の項で述べたように，参加者の中からリーダーを育てたり，アシスタントコーチを配置することでより多くの参加者が活動できるようになる。これら指導者を補佐する者がそれぞれ何人のグループや班をまとめることができるかを考慮し適正人数を考えるとよい。

指導体制という点からは，必要に応じて指導者を補佐する各種専門スタッフの拡充を図ることも大切である。近年のプロスポーツなどに見ら

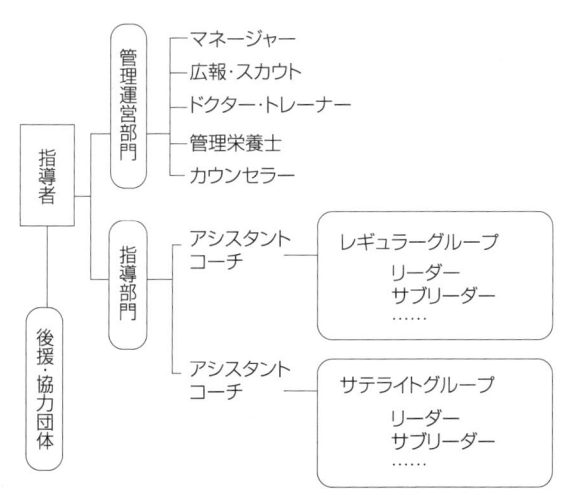

● 図 4-10 ● 理想的なスポーツ集団の例

れるように，理想的なスポーツ集団は競技スタッフだけでなく，医療や健康面を支えるスタッフ，管理経営面のスタッフなど専門知識を生かし細分化された体制で運営されている。ほんとうに偉大な指導者とはこれら全体を統括できる存在であろうし，そのためには指導者自身生涯努力と研究を怠ってはならないであろう。

【参考文献】
1) (財) 日本体育協会編『C級コーチ教本』(財) 日本体育協会, 1996年
2) (財) 日本体育協会編『地域スポーツ指導者 共通科目教本』(財) 日本体育協会, 1996年

まとめ

1. スポーツの指導形態には，1人の指導者が何人を指導するかという観点から，一斉指導・班別指導・グループ指導・個別指導などがある。
2. 一斉指導は，効率がよく導入的指導などには適しているが，目標や課題を集団の標準レベルに合わせなければならない点に限界がある。
3. 班別指導は，能力別の等質集団を編成し，適切な課題設定を行うことで意欲を高める。
4. グループ指導は，さまざまなレベルの参加者を含む異質集団を編成し，リーダーを中心とした自主活動を促す。
5. 種目によってはポジション別グループの編成も効果的である。
6. 個別指導は，個々の状況に応じた課題や方法を選んできめ細かな指導を行うことができる。集団指導を補う形で用いると効果を発揮する。
7. 1人の指導者が長期にわたって個人を指導するマンツーマン指導は個別指導の一形態であるが，強い信頼関係が不可欠である。
8. 適正な指導人数は，個人スポーツか対人スポーツか，あるいはチームスポーツかという種目特性により異なる。
9. 適正人数は，基本練習か実践練習か，競技レベルが高いか低いかという面からも判断しなければならない。
10. 適正人数は，施設の広さによっても決まってくるが，活動内容の工夫や用具の有効利用によって効率を上げることもできる。
11. 適正人数は，参加者の安全確保の面からも判断しなければならない。
12. 適正人数は，指導者の数によっても決まってくるが，人数だけでなく各方面の専門知識を備えたスタッフの拡充を図ることも重要である。

第5章
指導施設の選択と用具の準備

1 地域スポーツ環境の現状

(1) 地域におけるスポーツ活動組織の必要性

　ランニング，ウォーキングなど個人で行えるスポーツも健康のための意義は果たせるが，スポーツの果たす多様な意義を踏まえると，スポーツ活動組織の中でスポーツを行うほうが有効である。特に団体スポーツにおいては，何らかの組織つまり**スポーツクラブ**に入らないと活動を行うことは困難である。

　このようなスポーツ活動組織への加入状況をみると，小学生においては，学校の部活動，地域のスポーツクラブなど多様なスポーツクラブに所属しているが，中学校，高等学校になると，ほとんどが学校の部活動に所属している。19歳以上の成人になると民間のスポーツクラブに所属している人が多くなる。ただ，19歳以上の成人については，どこにも所属していないという人が70％を越えている（表5-1）。

　この結果から，子どもたちがスポーツを主に行う場所は学校であり，

スポーツクラブの分類
　スポーツクラブとは，一般に，スポーツを愛好する人の自発的・自治的団体で，規約など一定の規範の下にスポーツ活動を行うとともに，会員相互の親睦を深める社交的な団体のことである。
　現在，わが国のスポーツクラブは，4つに分類できると言われている。
①学校スポーツクラブ（中・高等学校や大学の運動部など）
②職場スポーツクラブ（企業のサークルなど）
③地域スポーツクラブ（スポーツ少年団，家庭婦人のバレーボール，お年寄りのゲートボールなど）
④民間スポーツクラブ（スイミング，フィットネスクラブなど）

● 表5-1 ● 運動部等に加入している者の割合

区　分	学校（職場）の運動部・同好会に加入している	地域のスポーツクラブに加入している	民間のスポーツクラブに加入している	どこにも加入していない
小学6年生	30.5%	22.8%	13.9%	42.3%
中学生	66.0%	平成18年度		
高校生	40.1%			
19歳以上の国民	5.6%	8.1%	11.1%	74.6%

（注）複数のクラブに加入している者がいるので，合計は100％にならない。
資料：文部省「国民の健康・スポーツに関する調査」平成10（1998）年度
　　　（財）日本中学校体育連盟調べ
　　　（財）全国高等学校体育連盟調べ

学校を卒業した後は，民間のスポーツクラブなどに所属してスポーツを行っている人はいるものの，多くの人は組織に所属してまでスポーツを行っていないということがいえる。

これまで日本のスポーツは，学校を中心として発展してきた。学校はスポーツの普及や振興と同時にトップレベルの選手の育成といったさまざまな役割を果たしてきた。しかし，学校がスポーツ活動の中心となっているために，学校を卒業してしまうとスポーツに親しむ機会が著しく減少してしまうという状況になっている。日本人の**スポーツ実施率**が低いのは，学校を卒業してしまうとスポーツを行う場がなかなか得られないということもその一因といえよう。

このような状況を改善するためには，地域におけるスポーツ活動を活発にしていくことが必要である。地域においてスポーツを行うことが可能であれば，学校を卒業し社会に出た後でも継続的にスポーツに親しむことが容易となるからである。そのためには，地域のスポーツクラブなどスポーツ活動の組織が必要となってくる。

(2) 地域のスポーツクラブの現況

地域のスポーツクラブの例としてよく知られているものは**スポーツ少年団**である。スポーツ少年団は，平成18（2006）年現在で，全国に約3万6,000団ほどあり，小学生を中心に約93万の団員が地域の中で活動している。中・高校生になるとスポーツ少年団に所属している子供は著しく減少し，多くの子どもは中・高等学校の部活動に所属するようになる。

このようにスポーツ少年団は，主に小学生を対象とする組織で，活動種目は軟式野球，サッカー，バレーボール，剣道といった単一の種目を行っているということが特徴となっている（表5-2）。

成人の地域のスポーツクラブにおいても，たとえば家庭婦人のバレーボールクラブのように，現在の地域のスポーツクラブは，ある限られた年齢集団で単一種目を行っているものがほとんどである。平成11（1999）年の（財）日本スポーツ

● 表5-2 ● スポーツ少年団活動種目別構成

種目	団数（比率）
1．軟式野球	7,069（19.5%）
2．サッカー	4,779（13.2%）
3．複合種目	4,778（13.2%）
4．バレーボール	3,717（10.2%）
5．剣道	3,335（9.2%）
6．バスケットボール	3,124（8.6%）
7．空手道	2,042（5.6%）
8．柔道	1,293（3.6%）
9．ソフトボール	1,280（3.5%）
10．バドミントン	707（1.9%）
11．卓球	680（1.9%）

資料：平成18（2006）年度（財）日本体育協会調べ

● 表5-3 ● 地域スポーツクラブの形態別構成比

	平成元年調査 推計数（構成比%）	平成6年調査 推計数（構成比%）	平成11年調査 推計数（構成比%）
複合型	35,900 (10.2)	29,600 (8.0)	19,356 (5.4)
単一型	315,900 (89.8)	340,800 (92.0)	337,936 (94.6)
計	351,800 (100)	370,400 (100)	357,292 (100)

資料：(財)日本スポーツクラブ協会「スポーツクラブ実態調査」

● 表5-4 ● 地域スポーツクラブの会員数

10人以下	9.3%
11～20人	48.9%
21～30人	20.8%
31～40人	7.3%
41～50人	4.0%
51～100人	5.9%
101人以上	2.7%
無回答	1.1%
平均	28人

資料：(財)日本スポーツクラブ協会「スポーツクラブ実態調査」平成12(2000)年

クラブ協会が行った調査によると，地域のスポーツクラブは約36万あり，その約95％が単一種目型であり，60％近くが限られた年齢構成のスポーツクラブである。また，同調査によると，小規模なものがほとんどであり，地域のスポーツクラブの規模は平均28人である。これに対し，ドイツでは300人程度といわれている（表5-3，5-4）。

このようにわが国の地域のスポーツクラブは，ほとんどが小規模で単一種目を行い，限られた年齢構成によって組織されたクラブである。地域のスポーツクラブは，地域住民の自主性によって組織されたもので，その意味では生涯スポーツを推進するにあたって中心となるべき組織である。

2 総合型地域スポーツクラブ

(1) 総合型地域スポーツクラブの特徴

総合型地域スポーツクラブとは，主にヨーロッパ諸国などに見られる地域のスポーツクラブの形態で，子どもから高齢者，障害者までさまざまなスポーツを愛好する人々が参加できる総合的なスポーツクラブのことである。平成16(2004)年7月現在，全国702市区町村において，1,117の総合型地域スポーツクラブが育成されている。総合型地域スポーツクラブは以下のような特徴を有している。

① 単一のスポーツ種目だけでなく，複数の種目を行っている。
② 青少年から高齢者，初心者からトップアスリートまでさまざまな年齢，技術・技能の保有者が活動している。
③ 活動の拠点となるスポーツ施設，クラブハウスを有しており，定

期的，計画的にスポーツ活動の実施が可能となっている。

④　質の高いスポーツ指導者を配置し，個々のスポーツニーズに対応した適切な指導が行われる。

(2) 総合型地域スポーツクラブの意義

　総合型地域スポーツクラブは，仲間，施設，活動プログラム，指導者などが有機的に結合して，定期的・継続的な活動をするが，これにより地域住民のスポーツに対する潜在的なニーズを実際の行動に結び付けるとともに，スポーツ活動の継続を可能にする。総合型地域スポーツクラブは，**生涯スポーツ**の拠点であり，以下のような多様な役割がある。

生涯スポーツ

1）ライフステージに応じたスポーツ活動

　総合型地域スポーツクラブは，多種目にわたってハイレベルの指導者の指導の下にスポーツ活動を展開するものであり，各人が性・年齢・体力に応じて種目を選択できるだけでなく，個人のライフステージに応じたスポーツの選択が可能である。

2）地域コミュニティの形成

　ヨーロッパ諸国などでは，総合型地域スポーツクラブはスポーツ活動の場というだけでなく地域住民の社交の場にもなっており，**地域コミュニティ**の基盤となっている。

地域コミュニティ

3）子どもたちの社会教育の場

　総合型地域スポーツクラブには，子どもから高齢者まであらゆる年齢層の人が参加するので，子どもと大人といった異年齢間の交流が行われることとなる。特に，子どもをこのような異年齢集団の中で育てることは，心の教育にも寄与するものである。

4）公共施設の有効利用

　小さなクラブが，お互いにスポーツ施設の占有を主張すれば公共スポーツ施設は際限なく必要となってくるが，総合型化すれば，施設使用の

調整等が比較的容易となり，公共スポーツ施設などの効率的使用が可能となる。同じことが指導者の問題にもいえる。

5） 地域への誇り

地域コミュニティの基盤である総合型地域スポーツクラブに加入することは，地域コミュニティの一員となり，地域への誇りを感じることにもつながるものである。これは，地域の活性化にも役立つ。

6） 運動部活動との連携・協力による子どもたちのスポーツ環境の整備

総合的地域スポーツクラブから学校の運動部活動への指導者の提供など総合型地域スポーツクラブと運動部活動が連携・協力を行うことなどにより，子どもたちに多様なスポーツ環境を提供することが可能となる。

（3） 総合型地域スポーツクラブの育成・定着のための方向

総合型地域スポーツクラブは，地域住民が自らのスポーツ活動のために自主的に創設するものであるので，基本的には地域住民が主体となってその育英・運営を行うべきものである。特に運営については，その継続性を確保する観点からも，できる限り会員による会費収入あるいはクラブの収益事業によって賄うことが理想である。

施設については，クラブ自身が施設を建設し，保有することは困難であるので，総合型地域スポーツクラブの定着のためには，公共スポーツ施設あるいは学校体育施設を優先的に利用させるなど，行政からの支援も必要である。また，総合型地域スポーツクラブの運営にかかるさまざまな費用についても何らかの支援ができるか検討していくべきである。

学校の運動部活動と適切な連携を図っていくことも必要である。学校の運動部活動は，児童生徒がスポーツ活動を行う場として重要な地位を占めており，部活動と地域のスポーツクラブの役割分担など適切な連携が図られる必要がある。なお，総合型地域スポーツクラブなどにより地域において活発なスポーツ活動が行われている場合には，学校の部活動の一部を地域のスポーツクラブにゆだねることも考えられる。

3 スポーツ施設

(1) スポーツ施設の状況

スポーツ施設は，生涯スポーツ推進の上で基礎的条件となるものであり，その整備はスポーツ振興を図る上で極めて重要である。わが国の体育・スポーツ施設は，平成16（2004）年度の文部科学白書によると，全国で約24万ヵ所であり，その60％以上は学校体育施設，23％が公共スポーツ施設である。なお，世論調査によると，**公共スポーツ施設**については，「身近で利用できる施設数の増加」の要望が最も多くなっており，スポーツ施設の整備に対する国民の強い期待がある。

● 表5-5 ● 体育・スポーツ施設の状況

	平成10年 箇所数（構成比%）	平成16年 箇所数（構成比%）
学校体育施設	160,600 (62.2)	158,000 (66.1)
公共スポーツ施設	65,500 (25.4)	56,000 (23.4)
民間スポーツ施設	31,900 (12.4)	25,000 (10.5)
総数	258,000 (100)	239,000 (100)

資料：文部科学省「体育・スポーツ施設現況調査」平成10 (1998) 年・16 (2004) 年

公共スポーツ施設

設置別に見ると，小学校から大学までの学校体育施設が約15万8,000ヵ所，公共スポーツ施設が約5万6,000ヵ所，民間スポーツ施設が約2万5,000ヵ所となっている（表5-5）。

学校体育施設は，地域の最も身近なスポーツ施設である。文部科学省では，学校体育施設が地域住民のスポーツ活動の拠点となるよう，学校開放を積極的に推進しており，現在，屋外運動場の約80％，体育館の約87％，水泳プールの約26％が地域に開放されている。

(2) スポーツ施設の整備

文部科学省では，様々なスポーツ活動を行う場を充実するため，学校の水泳プールや武道場などの体育施設や地域におけるスポーツ活動の場としての体育館，水泳プール，運動場などのスポーツ施設の整備を促進している。施設開放を行う上で必要な夜間照明施設やクラブハウスの整備事業に対して補助を行っている。

公共スポーツ施設においても現在，スポーツに対するニーズは高度化しており，より快適にスポーツを行える環境の整備が必要である。その

1つがクラブハウスの設置である。

　クラブハウスは，総合型地域スポーツクラブの育成に当たっても不可欠なものである。クラブの会員は，クラブハウスに集うことにより，お互いの関係を深めることができる。クラブハウスは地域住民の交流の場となるのである。このため，スポーツ施設の整備とともに，それに付随したクラブハウスの整備の促進を図る必要がある。

(3) 公共スポーツ施設の有効活用

　公共スポーツ施設について開設時間などの情報が十分に地域住民に行きわたっていない場合もあり，これらの情報提供や予約システムの構築による利用予約の簡便化など，利用者側に立ったサービスをする必要がある。

4 スポーツ指導における施設の選択

　スポーツ指導を能率的，効果的に行うためには，スポーツをする施設環境が整えられていること，スポーツ種目特性に合った指導施設を選択すること，スポーツ活動の安全性が高い指導施設を選択すること，それに，スポーツ技術のレベルや指導段階に合った指導施設を選択することなどは，欠くことのできない大切な要件である。

(1) スポーツ指導のための施設環境について

1） 種目特性の施設を備えていること

　すべてが備わっている施設が理想であるが，立派なスポーツ施設でなくても，創意工夫により，それぞれ専門的な練習がより能率的にできるように，施設の規模と配置が考えられた施設環境であればよいのである。

　たとえば，屋内体育館のフロア面積が正規のバスケットボールコート1面しか取れない場合でも，必要に応じて2面のコートで練習および試合ができるように補助ゴールが整備されていること，またコート上に紛らわしくないようにラインが引かれていることである。

屋外のサッカー場でも，正規の1面で練習するよりも，2面に分けて練習したり，さらに4面のミニ練習場にできるよう，ミニゴールなどが整備されていることで，目的を明確にして集中的に練習することができる。

このように，種目特性を生かした創造的な練習ができるように，整備された施設であることが大切である。

2） 付属設備が充実していること

練習および試合を行っている場面が必要に応じてビデオにおさめられ，科学的に分析できるような付属設備が必要である。

屋内体育館は天井や側壁にカメラを固定し，ビデオデッキや映写用スクリーンなどは隣接の控室に配置し，容易に操作ができるようにしておけば理想的である。

3） トレーニング施設が整備されていること

トレーニング施設はトレーニングプログラムだけではなく，必要に応じて一般体育プログラムの要求にも応じられるようにデザインされた特別な部屋である。トレーニング施設はそのプログラムの多様な機能を満たすために，救急処置，身体検査，試合前および練習前の包帯やテーピング，機能回復運動などができる多目的な場所としてデザインされていなければならない。さらに，選手のための健康センターとしての役割と，選手を管理し処置する場所としての役割を果たさなければならない。選手の健康や傷害歴に関する記録を保管しておくところでもある。身近にこのような施設があればトレーニングが能率的にできる。また，個人が自主トレーニングを行うようにもなる。

4） 照明設備が整備されていること

照明設備は夜間の練習を行う際，安全性や快適性を確保して，練習の効果をあげるために必要欠くべからざるものである。

照明は一般的に，競技をしている場面の水平面照明度で示されている。しかし，競技する空間全体の照度も十分に配慮されていなければならな

い。さらに，照射方向にも配慮がされており，競技がしやすいようになっていなければならない。なぜなら，まぶしさは競技者を困らせるものであり，集中力を低下させてしまうからである。競技中のまぶしさを完全になくすことはむずかしい。とくに，多目的に使うグラウンドや体育館では，その傾向が強いのである。そのような場所での練習は，少しでもまぶしさをなくすために，競技をする方向と照射方向を考えれば，ある程度解決できる。

競技種目専用のグラウンドや体育館であれば，その競技の特性を考慮して照射されているので，まぶしさは最小限に調整されている。

5） 満足感や充実感を味わえる施設が整えられていること

汗や泥にまみれて練習するような競技はもちろんのこと，いかなる競技も全力を出しきって練習するのであるから，心身の疲労回復や衛生面を考えてシャワーや風呂の設備が必要である。

それを使うことにより，スポーツをした満足感や充実感が一段と湧いてくるものである。また，それに加えて，人間関係を大切にする雰囲気をもつクラブハウスやゆとりのあるロッカールームがあれば，より高いレベルでスポーツの本質を味わうことができる。

（2） スポーツ種目特性に合った指導施設の選択

すべての種目について述べることは不可能であるから，一般的な種目について考えてみよう。

1） 陸上競技場

専用の陸上競技場として，フィールド内も常に使って練習ができるように設置されていれば理想的であるが，ラグビー，サッカーなどの球技場と兼用になっている場合が多い。

屋外のトラックでは，降雨による走路の悪化は避けることができない。その点，**全天候型**は少々の雨なら競技できる利点をもっている。

全天候型は材質性にすぐれ，弾力性に富んでいるため記録向上の面で効果的である。しかし，長時間の練習や慣れない者には，足腰にかかる

全天候型

ショックが多く疲れやすい。したがって，平常の練習には両方あるほうが望ましく，内容や方法で使い分けできれば理想的である（図5-1）。

フィールドは平坦で弾力性に富み，表面が芝生で整備されていれば，投てき種目には理想的であるが，跳躍種目の助走路などは全天候型のほうが，記録の向上や管理上，望ましいのである。

● 図5-1 ● 陸上競技場

2） プール

人が浮いたり，泳いだりすることができるプールだけではなく，プールサイド，シャワー，ロッカーといった競技者が直接接する部分と，プール水の浄化施設や消毒設備といった裏方の部分を含めたユニットとしての働きを十分整える必要がある。ここには当然のことながら，快適に利用できることのほか，安全に利用できるように整備されていることも含まれる。プールの透明度，室温，水温，残留塩素などの水質やプールサイドの広さ，滑り止め構造の有無やシャワーの数，温度，高さやロッカーの数，配置，換気などやコースロープ，ビート板などの用具の種類，数，状態に至るまであらゆる事柄がプールというスポーツ施設の機能を構成する要素だといえる。

3） テニスコート

テニスコートは，テニスという限定された種目のみに用いられ，コート利用の多様性は期待できない。近年，テニスコートをフットサル用コートと兼用できるように再整備するテニスクラブが増加しているとの報告もあるが，基本的にはテニスコートとして十分機能させるように整備，運営することが必要である。

コートは，クレーとアンツーカーが一般的には主流であるが，管理の面から全天候型が多く使われている。全天候型は競技の特性からみて理解できるように，ダッシュ，ストップなど激しい動きをするために，足腰にかかる負担が大きい。そのため，独特の疲労や障害がみられる。

近年はコートに柔軟性を工夫して，適度なクッション性とスライド性

をもたせて，足腰にかかるショックをやわらげるようなコートが使用されるようになった。

　その1つがオムニである。適度な滑りやクッション性がクレーやアンツーカーに似た感触で，足腰にかかる負担が軽減されている。また，ボールのスピードも適正で自然なバウンドも得られる。さらに，メンテナンス面でも比較的楽である。雨上がりにはすみやかな排水性を発揮するので，使用しやすいコートである。

　このようなことから，よい指導を行うためには，衝撃吸収性(弾力性)に欠けている全天候型よりも，クレーやアンツーカー，オムニなどのコートが適している（表5-6）。

4）　ラグビー，サッカーなどの球技場

　球技場の表層は芝生であることが望ましい。しかし，普段の練習は，そのような条件のもとではできないことが多く，一般的にクレーである。そのため，表層部をスパイクが突き刺さる程度の軟らかさに管理しなければならない。このように整備された球技場であれば，思い切ったタックルやスライディングができるが，転倒してケガをするような硬いグラウンド条件であれば，本能的に転ぶことを避けるようなプレーが習慣化されてしまう。

　試合のときだけ，芝生やよく整備されたクレーの競技場であっても，練習時に習慣となった消極的なプレーしかできないのである。したがって，常に整備されたグラウンドコンディションのもとで，練習できるような配慮が必要である。

5）　屋内体育館

　一般的には，多種目の競技ができるように設定されている。天井の高さについてみると，バレーボールができるような高さであれば，他の種目は問題なくできる。しかし，異なった種目で同時使用する場合は施設環境を工夫し，練習方法を考えることが大切である。双方の練習が，ともに集中力を高めてできるような配慮をしなければならない。したがって，それぞれ専用の体育館があって，練習がしやすい雰囲気になってい

● 表 5-6 ● 舗装材の種類と特徴

		名称	用途	材料	表層の厚さ（mm）	特徴
天然材料（クレイ系）	単一土	クレイ	テニスコート	荒木田土またはマサ土	50～100	建設費が低廉で施工が簡単。材料が入手しやすい。足ざわりがソフト。
		ローム	運動場	砂質ローム	80～100	クレーコート同様，低廉で自然なソフト感。材料の入手が容易。
	混合土	ローム混合サンド	運動場 野球場	粘性土＋川砂	80～150	ローム土を川砂で土壌改良。多目的グラウンド。
		ダスト混合土	運動場	荒木田土＋{石灰岩ダスト 火山砂利ダスト}	50～100	ローム土をダストで改良。多目的グラウンド。
		シンダー混合土	陸上競技場	荒木田土＋火山砂利＋川砂 ローム	80～100	スパイクをよくとらえ，排水性の向上を狙った。ラインが良く見え，雑草が生えるのを防ぐ。
	人工土	アンツーカ	テニスコート 野球場 陸上競技場	人工焼成土	テニスコート 40～60 野球・陸上 60～100	色彩が鮮やかで排水性の向上を狙った人工土。雑草は生えない。
		緑色スクリーニングス	同上	有色鉱物細粒材＋粘結材	テニスコート 30～40 野球・陸上 50～100	抜群の透水性，ほこり，霜立ちのない新素材。天然材料特有のソフトな感じ。雑草が生えない。
	芝生		テニスコート 野球場 陸上競技場	野芝・高ライ芝または西洋芝	20～30	快適な競技性，砂塵，雨後の泥濘化，霜立ち等の防止。滑り止めや転倒時の傷害防止。
合成材料（全天候型）		アスファルト系	テニスコート 運動場	アスファルト＋{シーリング材 ゴム，コルク}	3～30	維持管理が容易で経済的な全天候型。耐久性に富み平坦性が良い。ゴム，コルクなどの混入した弾性タイプもある。
		合成樹脂エマルジョン系	同上	合成樹脂エマルジョン ＋シーリング材	1.5～3	色彩の美しい維持管理が容易な全天候型。耐候性，耐摩耗性，耐水性に富む。
		ポリウレタン系	テニスコート 運動場 陸上競技場	ポリウレタン樹脂	3～25	色彩の美しい維持管理が容易な全天候型。耐久性に富み平坦性に富む弾性舗装材。表面仕上げに種類が多く，多目的に使える。
		ゴム，ラテックス系	同上	ゴム，ラテックス＋骨材	5～10	ソフト感があり，維持管理が容易な全天候型。（レッド，グリーンの2色）
		ゴムチップウレタン系	同上	ゴムチップ＋バインダー	6～25	色彩の美しい維持管理が容易な全天候型。ソフト感があり，透水タイプもある。
		ポリエチレン系	テニスコート	ポリエチレン成型品	15～18	プレハブ（透水タイプ）組編式，色調も数種ある。
		人工芝	テニスコート 運動場 球技場 野球場	ナイロン，ポリプロピレン ポリエステル，塩化ビニリデン 塩化ビニール	7～25 （アンダーパット含ます）	美しいカーペット型，種類も多くソフトマットとの併用で多目的に使用できる。透水やサンドフィルタイプもある。

出典：屋外体育施設の建設指針

れば理想的である。

　体育館ではダッシュ，ストップ，ジャンプなどの動作がひんぱんに行われるため，床の条件として，平坦で滑らないこと，そして，長時間の練習でも疲れず，膝，足首，腰などに負担がかかりすぎないような適正な弾力性が必要である。

　さらに，床には温かみがあること，それは色彩や材質から感じられるものである。常に長時間練習する場所であるだけに，精神的な蓄積疲労との関連で大切なことである。

6）柔道場，剣道場

　柔道場は，全体が衝撃を吸収分散して，激しい動作から身を守る高い安全性を保持していなければならない。

　畳の衝撃を吸収分散する機能はもちろんのことであるが，床および床下の基礎が衝撃をやわらげる機能を十分に果たすようなものでなければならない。また，畳には埃をださず，吸湿性が少ないなどの衛生的な面も配慮されていることが大切である（図5-2）。

　剣道は，素足ですり足をしたり，激しく踏み込んだりする動作が特徴である。そのため，床の条件がよく，整備されていることがもっとも重要なことである。表層部の木材質自体にも，やわらかみと安全性が確保されていなければならない（図5-3）。

● 図5-2 ● 柔道場

● 図5-3 ● 剣道場

（3） スポーツ活動の安全性が高い指導施設の選択

　パフォーマンス，競技力が高くなればなるほど，体力や獲得した技術の限界に挑戦するようになるので，危険性が増してくる。したがって，そのようなスポーツ活動を指導する施設は，十分な安全性を考えなければならない。

　スポーツ施設の安全管理の責任は施設管理者にある。しかし，指導者

が事前の安全点検を怠り，また，安全性を欠いた指導により事故が発生した場合の責任は，指導者にあることは当然である。

1） 体操競技練習場に必要なピット

　高度な技術を追求する中で，体操競技には器具を離れての空間での技がある。ここには大きな危険性が含まれている。指導者は安全性の高い施設を使い，さらに安全に十分注意した指導をしなければならない。そこで，練習にはピットのある施設を選ぶことが大切である。そうすれば超高度な技術の練習でも，精神的に安心してできる。また，未熟練者も安全に思い切ってできるのである。

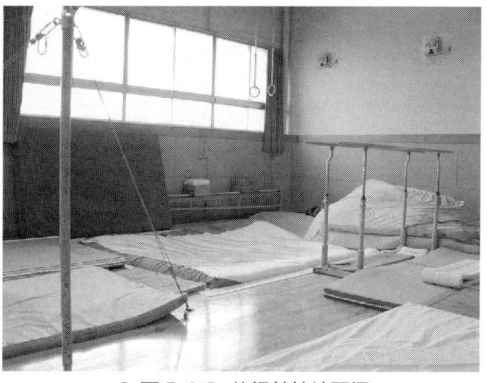

●図5-4● 体操競技練習場

　ピットの大きさ，深さなどは，競技者のレベルによって適正でなければならない。それに加えて，中身のチップマットの量や質が，安全機能を十分に果たしているか，常に管理していることが大切である。なお，現在ではエアーピットというものが開発されている（図5-4）。

ピット

2） 陸上競技の投てき場に必要な防護ネット

　ハンマー投げや円盤投げの囲いの設備は当然のことであるが，その外側に，二重三重の補助防護ネットが必要である。

　競技者が最高の力を発揮して，ハンマーや円盤を投げるのであるから，十分な安全性を考え，頑丈で適正なものでなければならない。このような整った施設を選択して練習することは，最低限必要なことである（図5-5）。

3） 屋外・屋内施設を効果的に利用するためのセパレートネット

　サッカー場やラグビー場，それに野球場などが隣接しているところでは，相互にボールが飛び込んできて危険である。とくに，硬式野球用のボールの場合は，大きな事故につながることがある。

　セパレートネットが張れるようであれば，ある程度の安全性を確保することができる（図5-6）。しかし，グラウンドが狭く，それができない

セパレートネット

第5章　指導施設の選択と用具の準備　89

●図5-5● 防護ネット　　　　　　　　　　●図5-6● セパレートネット

場合は話し合いにより，時間差をつけて練習計画を立て，練習内容を考えることにより，安全性を最優先する必要がある。

　また，屋内体育館においても，バレーボールやバスケットボール，卓球などの練習を同時に行う時には，セパレーツ用具やセパレートネットがあれば，安全性が確保でき，集中して練習できるのである。

(4) スポーツ技術指導段階に合った指導施設の選択

　スポーツの技術指導には，興味や関心を高めながら基礎的練習をする段階，技術習得のための反復練習の段階，それに，技術の向上を目指す完成の段階などがある。

　技術指導は，総合的，長期的なビジョンに立って練習計画がなされ，技術レベルに応じた指導がなされることが大切である。そのため，指導施設はそれに適したところを選び，練習内容を工夫することが効果的な方法である。

1) 基礎的練習の段階

　基礎的練習の段階は，スポーツの楽しさを理解させるような工夫が必要である。そうすることにより，積極的，自主的に練習に取り組むようになる。

　たとえば，バスケットボールやサッカーなどの球技種目のようにゲームを最終的に行うものは，はじめにできるだけ簡易にしたゲーム形式の練習内容を計画することである。なぜならどのような場面で，どのような技術が必要なのかを自分自身で把握することができるからである。こ

のような段階を体験することによって，基礎技術練習が意欲的，創造的に行われるようになる。

したがって，簡易ゲームを能率よく行うために施設の工夫が必要である。正規の競技場やコートが1面あるよりは，小さくても2面，3面と数が多いほうが効果的であることは，誰でも理解できることである。

あらかじめ，体育館のバスケットボールコートのように，補助ゴールが取り付けられていれば理想的である。しかし，サッカー場のように補助ゴールをサイドに固定しておくことが不可能な場合は，簡単に移動できるゴールや組み立て式ゴールを工夫すればよい。

2） 反復練習の段階

練習の目的も方法も明確である反復練習の段階は，惰性的にならないように注意し，思考的で集中的に取り組む必要がある。

反復練習は視覚刺激を与えるなどの工夫をして，マンネリ化しないことが大切である。そのため，スポーツ指導施設として，ビデオ用のカメラを体育館の天井や側壁に常設し，映写用のスクリーンを側壁に備えておくことにより，容易に反復練習のプレーを再現して反省することができる。

3） 完成の段階

完成の段階では，そのレベルで最高の競技力を発揮して練習ができる。しかも，プレーの修正がみずからでき，個性的な技術が完成する段階でもある。

一般的には，それぞれのレベルで正規の施設が使用できることが望まれる。また，施設周辺の環境も，それぞれの種目特性に応じて，集中力が高められるように，整備されていることが大切である。

5 スポーツ指導用具とその準備

用具は施設と区別しないで，スポーツ活動の成立に必要なものとして

取り扱われる場合が多い。どのような設備を利用するか，どのような用具が必要か，それらの数が十分にそろっているかなどを確認することが必要である。

ここでは，スポーツ指導における用具の役割とはなにか。また，スポーツ指導をするとき，その施設を機能的に活用するためには，どのような用具が必要なのか，さらに，スポーツ実施者個人としてはどのような用具を準備したらよいか，などを中心に考えてみよう。

(1) スポーツ指導における用具の役割

用具の整備状況によって，指導内容が制限されることがあり，用具は，競技力の向上に直接影響を与えるものである。したがって，スポーツ指導における用具の果たす役割は大きい。

1) 簡単に使用できる用具

トレーニングをするには基本原則がある。それを理論的に具体化して実践するには，発育発達，体力レベルなどを考慮した全面性や個別性などの五大原則を考慮しなければならないことは当然である。

競技種目により多少の違いはあるが，基本的なトレーニングのほかに，種目特有の応用的なトレーニングがある。それぞれに応じた用具が準備されたり，創意工夫により開発されたりして，いつでも使用できるようになっていることが大切である。

技術向上に必要な練習用具も同じように，使いやすい状態で，しかも，美しく管理されており，容易に取り出して練習できるようになっていることが望ましい。

2) 体力・技術のレベルに応じた用具

体の小さい子どもが大きな用具を使用すると，用具に振り回されたりして，トレーニング効果や技術向上の成果を期待することができない。そればかりか，ケガや事故につながることもある。

バスケットボールやバレーボールなどのように，ボールの大きさや重さが発育発達によって差をつけ，使いやすいように工夫して規定してい

ることは，技術の習得を容易にするとともに効果的である。

　興味や関心を持たせ，意欲を向上させるレベルであれば，その競技のおもしろさや楽しさなどの本質的なものを追求できるように，用具の規定にとらわれず，創意工夫した用具を使用するのがよい。

3) 恐怖心を取り除く用具

　恐怖心は，競技種目によってその差が大きく，危険な動作につきものである。とくに，競技レベルが高まり，むずかしい内容になればなるほど危険性が増していく。その過程での恐怖心を少しでも取り除かなくてはならない。そのため，安全性の高い用具を準備して，段階的に難度の高い技術に挑戦するような指導が必要である。

　たとえば，体操競技の鉄棒や跳馬などの難度の高い，ひねりや回転をつけた着地は危険性があるだけに恐怖心が沸いてくる。したがって，安全性の高いマットを二重三重に敷くなどの工夫をすることにより，恐怖心を取り除くことができる。このような段階では，安全性の高いチップマットを十分に使った**ピット**やエアーピットを利用するのが理想的である。

ピット

4) 安全性を高める用具

　バスケットボールゴールの支柱などには，安全性の高いマットなどでカバーをすることによる安全対策をしておくと，競技者は思いきった競技ができる。それに衝突してもケガが起こらないような安全的な工夫が，結果的には練習の効果を上げることになる。

　また，反復練習の効果を上げるため，数多くのボールを使用して練習する過程がある。そのようなとき，転がっているボールが原因で，思わぬ事故を起こしかねないことがある。練習場所に，手軽に運び込めるようなボール入れカゴを工夫してつくり，こまめにボールの管理をする必要がある。

5) 理論的認識を高める用具

　指導者が綿密な計画のもとにスムーズな練習を展開しても，競技者に

は指導者が考えているほど，理論的な認識がなくて効果的な練習になっていない場合がある。

目標とする正確な技術をビデオなどで，理論的にイメージ化することで，競技者が積極的に練習に取り組むことができる。したがって，競技者がビデオなどをこまめに利用できるように設置しておき，正しい技術のものと，練習した内容のものが比較できるようになれば，理想的で効果が上がる。

(2) スポーツ施設に必要な用具の準備について

限られたスポーツ施設をより効率的に活用するために，その施設に適した用具が準備されていなければならない。練習やトレーニングに必要な用具がなければ，その目的や内容を変更したり，縮小したりしなければならない。これでは十分な効果を上げることができない。施設がどんなに立派であっても，それぞれに応じた用具が身近に備えられていなければ，きめこまかいスポーツ指導はできない。

1) 屋内スポーツ施設の用具管理

いろいろな用具が身近にあることは，練習の効果をあげる上で重要である。しかし，体育館の片隅や側壁に寄せつけて置いてあることは，安全性の面から問題がある。必ず，用具管理室や用具庫に保管しておき，必要に応じて，簡単に持ち出せるようにしておくことが大切である。多目的に利用する体育館は広くてゆとりがあれば，用具の管理も楽であるが，現実は不十分なところが多い。したがって，用具管理室や用具庫は平面的な利用だけでなく，立体的に空間の利用を考え，出し入れがしやすいように工夫しなければならない。

2) 屋外スポーツ施設の用具管理

屋外のスポーツ施設は，屋内施設と同じように，用具管理室や用具庫が近くにあり，用具の出し入れがしやすいことが理想的である。

用具を管理する場所がなく，風雨にさらされているような施設では，練習やトレーニングの効果に大きな影響を与える。このような場合は，

仮設の用具庫をつくるなど，用具を大切にする習慣を身につけることが大切である。

(3) 個人の用具管理

1) ラケット，竹刀など

　ラケットや竹刀などは個人の身体的特性などを考慮して，重さ，硬さ，持ちやすさを許される範囲内で工夫を凝らし，手入れも十分に行う必要がある。

　たとえば，テニス，バドミントンなどのラケットは，グリップ部分を自分の手の大きさに合うように，また，滑らないようにテープを巻いて工夫している。さらに，筋力に合わせてガットの張りや振りやすいようにラケットのヘッドとシャフトの重さのバランスまで考えているのである。

2) スキー・スケート・自転車など

　スキー・スケート・自転車などは念入りな手入れをしていなければ，ときには致命的な事故につながる可能性を持っている。したがって，競技者の身体特性にあった用具を準備し，常に安全点検を怠ってはならない。

3) 靴（シューズ）・服装（ウエア）

　スパイクシューズを含めてあらゆるシューズは，各競技種目の特性をもっており，競技力を向上させるために必要欠くべからざるものである。したがって，足もとを確実に安定させる機能が求められている。つまり，床や地面をまちがいなくグリップするシューズソールであること，ダッシュ，ストップ，ジャンプなどの動作で起こる衝撃を吸収する機能を持つこと，それに，足を保護する安全性や足とシューズに一体感があり，快適であることなどである。また，使用前後の管理も大切であり，常によい条件を満たすよう入念な手入れをしなければならない。

　ウエアも最高の競技ができるように機能的になっている。腕や脚の動きがスムーズにできるように，伸縮性の高い素材で，しかもウエア内部

の湿気や熱気を外へ放出し，快適な感じを保つように工夫されている。

　冬期に使用する特殊なものは，暖かい空気をウエア内に残し，そのうえ，汗の湿気は外部へ逃がし，水分の侵入を防止し，薄くて軽く，運動性を高めるようになっている。

【参考文献】
1）文部省『我が国の文教思索』平成10（1998）年
2）文部省『国民の健康・スポーツに関する調査』平成10（1998）年
3）文部省『体育・スポーツ施設現況調査』平成10（1998）年
4）総理府『体力・スポーツに関する世論調査』平成12（2000）年
5）文部科学省『平成13年度　文部科学白書』
6）文部科学省『平成16年度　文部科学白書』

まとめ

1. 日本人のスポーツ実施率が低いのは，学校を卒業してしまうとスポーツを行う場がなかなか得られないからである。
2. 地域のスポーツクラブは，地域住民の自主性によって組織されたもので，その意味では生涯スポーツを推進する中心となるべき組織である。
3. スポーツ指導を能率的，効果的に行うためには，施設環境の整備，種目特性に合った施設選択，安全性が高い施設選択，技術レベル・指導段階に合った施設選択が大切な要素である。
4. スポーツ施設をより効率的に活用するためには，その施設に適した用具が準備されていなければならない。
5. 個人として用具を準備する場合は，身体的特性や競技種目特性に応じたもので，使いやすいことが大切な要件である。

第6章

指導計画作成の実際

1 単元について

(1) 単元計画作成の注意点

単元計画は以下の注意点にしたがって，作成されなければならない。　単元

① 単元は全体性と統一性を重視し，単に学習内容の寄せ集めにならないようにすること。

② 単元の目標が明確に捉えられていること。単元の学習により，どのような技術，知識，体力，習慣などを学習者に身に付けさせるべきかを明らかにすること。

③ 指導者が前面にでるのではなく，あくまで学習者の自主的，自発的学習を推進するようなものであること。

④ 学習者が自己の課題を発見しやすいように，試合や自己表現の機会を多く設ける。また，それにより次回への課題をみつけ，**フィードバック**できるようにすること。　フィードバック

⑤ **個性**や**個人差**を考慮し，だれもが多彩な学習活動をすることができるものであること。　個性　個人差

(2) 単元計画の作成

1) 単元名　　　　　　　　　　　　　　　　　　　　　　　　単元名

単元名はその単元の中心課題や活動目標を示すようなものがよい。「バスケットボール」「走り高跳び」のように，その運動種目で書かれるのが一般的である。あるいは，1つの主題をもった単元の場合はその主題を書き表すこともある。たとえば「楽しいジョギング教室」「中高年から始めるスキー教室」といったものがある。

2） 単元目標の設定 　　　　　　　　　　　　　　　　　単元目標

　その単元で何をねらって指導しようとするかを述べなければならない。この単元目標は形式的に取り扱われることがしばしばあり，実際には目標達成が困難だと思われる例も少なくない。単元の目標設定においてはその単元の終わりには，学習者が達成可能なものであることが必要で，無理な目標を設定すべきではない。また，目標を具体的に押さえる工夫をし，学習指導の反省や吟味に役立てることが大切である。さらに，学習を活発なものとするためには，その目標が学習者にとって必要感が強く，学習者の**レディネス**に対応し，目標達成に対して，挑戦意欲をわかせる，適度なレベルで示されていることが重要である。　　　　　　レディネス

3） 単元の指導期間，指導回数，指導時間 　　　　　　　　単元の指導期間
　　　　　　　　　　　　　　　　　　　　　　　　　　　　　単元の指導回数
　どのくらいの期間で何回指導を行うか，週（月）当たりの指導回数，　単元の指導時間
指導時間等を示す。毎週定期的に行う場合もあれば，スキー実習のように短期間で集中的に行う場合もある。

4） 対象 　　　　　　　　　　　　　　　　　　　　　　　　対象

　指導を行う対象の年齢や人数，性別，特性等を示す。

5） 単元の展開（指導課程） 　　　　　　　　　　　　　　単元の展開

　導入から**展開**，**整理**までの指導の課程を明らかにする。詳しくは後述　導入
する。　　　　　　　　　　　　　　　　　　　　　　　　　　　展開
　　　　　　　　　　　　　　　　　　　　　　　　　　　　　整理

6） 単元の評価 　　　　　　　　　　　　　　　　　　　　単元の評価

　いつ，どのような方法で評価を行うかを決める。技能，関心，意欲，態度，思考，判断，知識，理解，協調性，習熟度等の評価基準や配点を決める。また，実技テスト，筆記テスト等をいつ，どのように行うか，その配点等を設定する。

（3） 単元の展開（指導課程）

　指導者がどのような方法で指導し，学習者がどのように学習したかを

示すのが単元の展開である。決まった形式があるわけではないが，具体的には下に示すような形式のものが多く，縦欄に導入(はじめ)，展開(なか)，整理（まとめ）の見出しを置き，横欄に時間，学習内容，指導上の留意点，評価の観点等の項目をおく。

段階	時間	学習内容	学習活動	指導上の留意点	評価の観点
導入					
展開					
整理					

1） 導入（はじめ）

　指導計画を学習者に理解させ，学習者が自らの学習展望を思い描くことができるように導く段階である。また，利用できる用具，施設は何か，どのような資料を使うのか，また，学習者の人数との兼ね合いからどのような指導段階をとるのか，グループ分けはどのように行うのかといった学習展開の準備を行う必要もある。

2） 展開（なか）

　実際に進めていく学習内容や学習活動を書き込む。段階によって発展性とつながりをもたせる。学習者が何をどのように学んだか，指導者は何を使い，どのように指導したかを具体的に記しておく。

3） 整理（まとめ）

　進めてきた学習の成果を整理，反省し，目標達成の程度を評価する。良かった点，悪かった点，次回への課題等を考え，次への参考資料とする。
　指導者は学習者の学習結果を記録するとともに，自らが行った指導計画について反省，評価し，次回への課題を考える。

（4） 単元計画案

1） 資料1：球技を題材とした単元計画

中学第1学年男子対象のサッカーを題材とした単元計画である。試しのゲームを行うことにより，自分たちで課題をみつけ，その練習方法を考えるという方法をとっている。また，チームメイトとの協調性を身につけ，勝敗にこだわらず，楽しくゲームが行えるように考えられている。

2） 資料2：体操を例とした単元計画

小学校中学年（4年生）を対象にした，マット運動の倒立技を中心とした単元計画である。マット運動では「技を高める」ことと，「技に挑戦する」ことの2つの目標があり，それぞれに課題が示されている。また，このような種目では，写真や図を使い，どのような運動であるかを視覚的に理解できるように工夫することも大切である。

3） 資料3：一般市民を対象とした公開講座の単元計画

中高年の市民ランナーを対象とした公開講座である。中高年を対象としていることから，走力の向上を目標とするのではなく，ジョギングを楽しむことを主眼としている。また，講座中は常に心拍数を測定し，科学的知識に基づいた適切なペースを体得することを目標としている。さらに，安全性を考慮して，ウォーミングアップ，クーリングダウンの時間を比較的多めに設けている。

中高年を対象とする場合は，プログラムに参加するにあたり，参加者の**メディカルチェック**を行い，運動に際し，異常がないかを確認させることは特に重要である。また，指導に入る前も参加者にその日の体調を聞く。そして，講座中も参加者を十分観察し異常がみられたときは直ちに運動を中止させる等の配慮が必要である。

> メディカルチェック

4） 資料4：水泳を例とした単元計画

高校生を対象とした水泳指導の単元計画である。小中学生の頃にある程度の基本泳力を身につけていると仮定し，さらなる技能の向上を目標

としている。そのため，課題としては個人メドレーの完泳，記録の向上とかなり高度な内容となっている。また，泳力の向上だけでなく，救助法や審判法の学習も含まれており，最後には自分たちで記録会の運営をできるように計画している。

5） 資料5：スキー合宿等の季節スポーツの単元計画

スキーを題材とした合宿による短期集中型の単元計画である。スキーの技術を身につけるだけでなく，合宿中の共同生活，自然とのふれあい等も考えた内容になっている。また，日常とかけ離れた生活となるので，安全面や体調管理には十分注意し，**オリエンテーション**は特に念入りに行う。技能に差が出やすいため，適切な班に入れるよう講座中の移動も含め考慮する。

> オリエンテーション

6） 資料6：参加者を主体においた球技の単元計画

あくまで参加者を主体においた計画であり，種目はサッカーでも，バスケットでも，バレーボールでもよい。この計画は現状のメンバー・技能や施設・用具を基盤において，ゲームを中心に展開し，自分たちに適したルールを検討しながら練習方法を工夫し，皆でプレーそのものを楽しもうとする計画である。したがって，そのスポーツの特性（持ち味）が十分に味わえるのであれば，ルール等は，必ずしも○○連盟規則にこだわる必要はない。ただし，練習のどこかの段階で連盟規則と自分たちの規則の相違点について明らかにしておくことは必要である。

2 指導案

（1） 指導案作成の注意点

指導案は**日案**や**時案**ともいわれ，1回の指導における計画を示したものである。単元計画においても，ある程度指導内容は表されているが，指導案ではさらに具体化し，より綿密に学習内容，指導内容を展開しな

> 指導案
> 日案
> 時案

ければならない。

　また，指導案は学習者の学習効果を高めたり，指導者の意図を参観者に分かってもらうという目的もある。したがって，ねらいに近づけるためにいろいろな工夫がなされるが,「学習者をどのような状態にまで導くか」という具体的な意図がはっきりと表れたものであることが大切である。そのために，指導の根拠となる単元計画の要点を明らかにする必要がある。1時間の学習指導案といっても，1時間1時間が他と切り離されて成立するものでなく，あくまで，単元全体の中で他の時間とのつながりを持つものであるから，単元計画の基本的な考え方を認識しておくことが重要である。

(2) 指導案の内容

指導案の内容としては以下のようなものがある。
① その日の学習のねらい
② 指導の場所
③ 指導内容の要点
④ 学習者の活動
⑤ 準備物
⑥ 指導上の留意点
⑦ 評価の観点

(3) 指導案の展開

　単元計画の展開と同様に，指導案の展開にも形式や内容に一定のものがあるわけではないが，一般的に単元の展開と同様に「導入（はじめ）」,「展開（なか）」,「整理（まとめ）」の3段階に分け，それぞれに学習者側の項目（学習内容，学習活動等），指導者側の項目（指導上の留意点，指導者の働きかけ等）を書く。

1) 学習者側の欄について

　学習内容と活動について，学習の時間的流れにそって書くことが大切である。つまり，「導入（はじめ）：本時学習について話し合い，めあて

をはっきりする段階」「展開（なか）：計画にしたがって実際に活動する段階」「整理（まとめ）：本時学習について反省し，次時の課題について確認する段階」の3つに分け，学習者の実際の活動がわかるように工夫して書かなければならない。また，学習者の立場での文末表現（〜する，話し合うなど）にすることが大切である。

「導入（はじめ）」の段階では，用具等の準備の仕方，準備運動の仕方とその内容，本時目標の確認および学習方法の決定の仕方について，どのような形で進めるかについて述べる。

「展開（なか）」の段階は練習内容や協力活動および思考活動が個人や集団としてどのような形で進められるかが明らかにされなければならない。つまり，施設や用具を1人ひとりが，あるいはグループとして，どのように使って練習するか，お互いの教え合いや助け合いはいつ，どこで，どのように行うか，あるいは個人や集団として思考する場をいつ，どのように設けるかを示さなければならない。

「整理（まとめ）」の段階は学習をまとめ，次の学習に生かせるようにすることが大切であるから，反省する内容について本時の目標からその観点を示しておく必要がある。

学習活動を示す場合は，全体を示したり，1グループを示したりする場合もあるが，1人ひとりの活動を具体的に把握できるように工夫する必要がある。また，予想される学習者の活動例や課題に対する解決の手順とその評価の観点および基準について示しておく。その他，練習隊形などを図示する等簡明でわかりやすい工夫も重要である。

2） 指導者側の欄について

ここで大切なことは，学習内容や活動で述べたことと重複しないようにすることである。練習の進め方や話し合いの仕方，練習内容に対する活動の仕方，運動技術に関するポイントなどが「学習内容や活動」に述べられていれば，再び，「指導」の欄で触れる必要はない。この欄では，学習を援助するための，あるいはより発展させるための指導者の個別の手だてや留意点について述べることが大切である。

(4) 指導案の例

① 資料7：資料1（単元名「サッカー」）の第2時間目の指導案
② 資料8：資料3（単元名「楽しいジョギング教室」）の第1回の指導案
③ 資料9：資料4（単元名「水泳〈個人メドレー〉」）の第8時限の指導案

【参考文献】
1) 福岡教育大学小学校体育科教育研究会『小学校体育授業の指導案づくり』日本教育研究センター，1990年
2) 藤崎武利・山田博久編著『新しい中学校保健体育の授業づくり1　サッカー編』明治図書，1994年
3) 文部省『学校体育実技指導資料　第4集　水泳指導の手引き』(改訂版)東洋館出版社，1993年
4) 田辺敏雄編集，体育授業実践研究会『小学校体育実技シリーズ・5　マット運動のすすめ方②――授業展開と学習指導過程――』明治図書，1994年

資料1：球技を題材とした単元計画

1. 単元名：サッカー
2. 単元目標：

   ○基本的な練習方法を理解し，ボールコントロールの技能を高める

   ○互いに協力して計画的に練習できるようにする

   ○健康・安全に留意して学習することができるようにする

3. 指導期間：12時間
4. 対象：中学第1学年男子
5. 単元の展開

段階	時間	学習内容	学習活動	指導者の働きかけ
導入	1	オリエンテーション ・ねらい ・学習の進め方 ・学習の仕方 ・チーム編成 ・チームの目標を考える ・準備運動の考案	・学習のねらいを理解する ・学習カードの活用の仕方を知り学習の進め方を理解する ・チームを作り，役割を分担する ・チームで準備運動を作る	・学習資料の活用方法を明確にする ・均等の力のチームができるようによく検討する ・合理的な準備運動になるように助言する
展開1	2〜5	・試しのゲーム1 ・グループ練習① 　ドリブル　ボールコントロール 　パス　ミニゲーム ・試しのゲーム2 ・グループ練習② 　ドリブル　ボールコントロール 　パス　ミニゲーム	※ねらい1：基本技能を身につけ，練習方法を理解する ・ボールに慣れる ・基本のドリブルができる ・学習カードの利用の仕方を身につける ・ミニゲームは1/4コートでなるべく多くボールに触れるようにする	・個人，チームのねらいを把握し，学習の進め方を助言する ・めあてを持って学習できるように働きかける ・勝敗にこだわらないで，楽しくゲームできるようにする ・基本のボールタッチが大切なことを理解させる ・楽しく練習することをほめ，協力しあえるチーム作りをする
展開2	6〜9	・学習カードをもとに練習 ・1/4コートでミニゲーム ・チームミーティングで反省 ・試しのゲーム3 　ミーティング 　グループ練習 　ミニゲーム	※ねらい2：自分たちで基本の練習の計画を立て実行できる ・基本練習の大切さを理解する ・どんな練習が自分たちに適しているかを知る ・楽しく練習しゲームをする ・学習カードの使い方について理解する	・基本練習のポイントについて助言する ・グループ練習の要領を理解させる ・「どのような点ができたのか」をしっかり理解させ，より高度な技術を目指すようにする ・達成できた点を具体的に考えさせ，チームの目標と関連づけて練習計画，方法を決めるように援助する ・理解できない点があれば逐次指導し援助する
まとめ	10〜12	・準備運動 ・まとめのゲーム 　総当たり戦でなるべく正規のルールで行う ・全体を通して反省と評価	・審判をできる人を各グループ1人は作る ・コートやビブスの準備も自分たちでする ・相互評価，自己評価をする	・時間設定を明確にする ・全体が協力して試合が運営できるように助言する ・個性的なプレー，ゲーム運びについてはめる ・相互評価，自己評価についてわかりやすく説明する ・楽しく，協力して対抗戦ができたことについてほめる

資料2：体操を例とした単元計画

1. 単元名：マット運動〈バランスを中心にした技づくり〉
2. 指導目標：

    ①倒立系の技の中から挑戦技を選択し，できる技をさらにゆっくりと正確に達成させる

    ②自分の「めあて」にしたがって練習方法を工夫し，友達と補助・助言し合って練習する。場や用具の安全に気を配り，自分の能力に合った練習をする

3. 学習目標：

    ①高める学習段階では，自分の力でバランスをとり，ゆっくりと正確さを高める

    ②挑戦する段階では「めあて」とする倒立姿勢ができる

    ③自分のつまずきを知り，倒立姿勢を保つためのポイントがわかるようになる

    ④友達と協力し，見せ合い，教え合い，励まし合いながら学習することができる

4. 対象：小学校低学年
5. 展開

	学習活動・内容	指導・援助活動
はじめ	①学習のねらいを理解し，学習の進め方について見通しをもつ ・資料を参考に自分のできる，力にあった倒立技に挑戦する ・学習の進め方を理解する 　「高める学習」：自分にできる倒立技のフォームを高める 　「挑戦する技」：自分のできそうな倒立技を工夫した場で挑戦する ②グルーピングと役割分担をする ③見せ合ったり，教え合ったり，協力して，学習することを理解する	
なか	※高める学習 　できる倒立技を選び，マット上（壁によりかかり）で自分の力でバランスをとり，ゆっくりと正確に倒立する ①グループで協力して準備する ②資料を参考に，自分の得意な倒立技を選び「めあて」を決める（確認する） ③自分の「めあて」に向かって練習する ・補助運動をする ・ゆっくりと正確にする ・友達と「できばえ」を見せ合い，教え合う	・安全に学習できるように配慮されているか，確認するよう指示する ・「高める学習」の内容が理解されているかを確認し，各自の技能に即しているか確認する ・補助運動で十分マットに慣れるよう助言する ・安全に留意できるように，補助の仕方を師範する ・技の正確さが見つけられるようにする ・友達と見せ合い，互いに技を確かめ合うように助言する ・高める学習が十分行えたら挑戦する学習に進むことを方向づける

	※挑戦する学習 　できそうな倒立技を選び，工夫した場で挑戦する。できるようになったら，マット上（壁）で挑戦する ①資料を参考に，自分の得意な倒立技を選び「めあて」を決める（確認する） ②グループの役割に従って，工夫した場を準備する ③自分の「めあて」に向かって練習する ・挑戦する技については，資料をよく見てゆっくりと正確にできるようにする ・工夫した場→普通のマット→発展した場の順で挑戦する ④自分の「めあて」になっている倒立技について，友達と「できばえ」を確認し，練習方法や場づくりについて話し合う	・「挑戦する学習」の内容が理解されているかを確認する ・各自の技能に即しているか確認する ・「できる」ようになるために工夫した場を設置できるように助言する ・安全にできる場か，確認する 〈首倒立〉支柱を立てる 〈頭倒立〉ろく木を背に 〈倒立〉壁に頭をつけて支持 ・学習カードを活用するよう指導する ・発展した場を工夫できるようにする ・挑戦する学習の練習の成果を発表し合い，次時に生かせるようにする ・グループ内で，友達のよくなったところを認め合うようにする
まとめ	①各自の「めあて」を確認する ②自分の「めあて」にあった練習をする ③倒立技を入れた連続技の発表会をする ※相互評価の観点 　◎：腕，つま先などが伸びた倒立で静止できる 　○：倒立技の静止ができる 　△：倒立技を連続技の中に組み入れる	

技 の 形

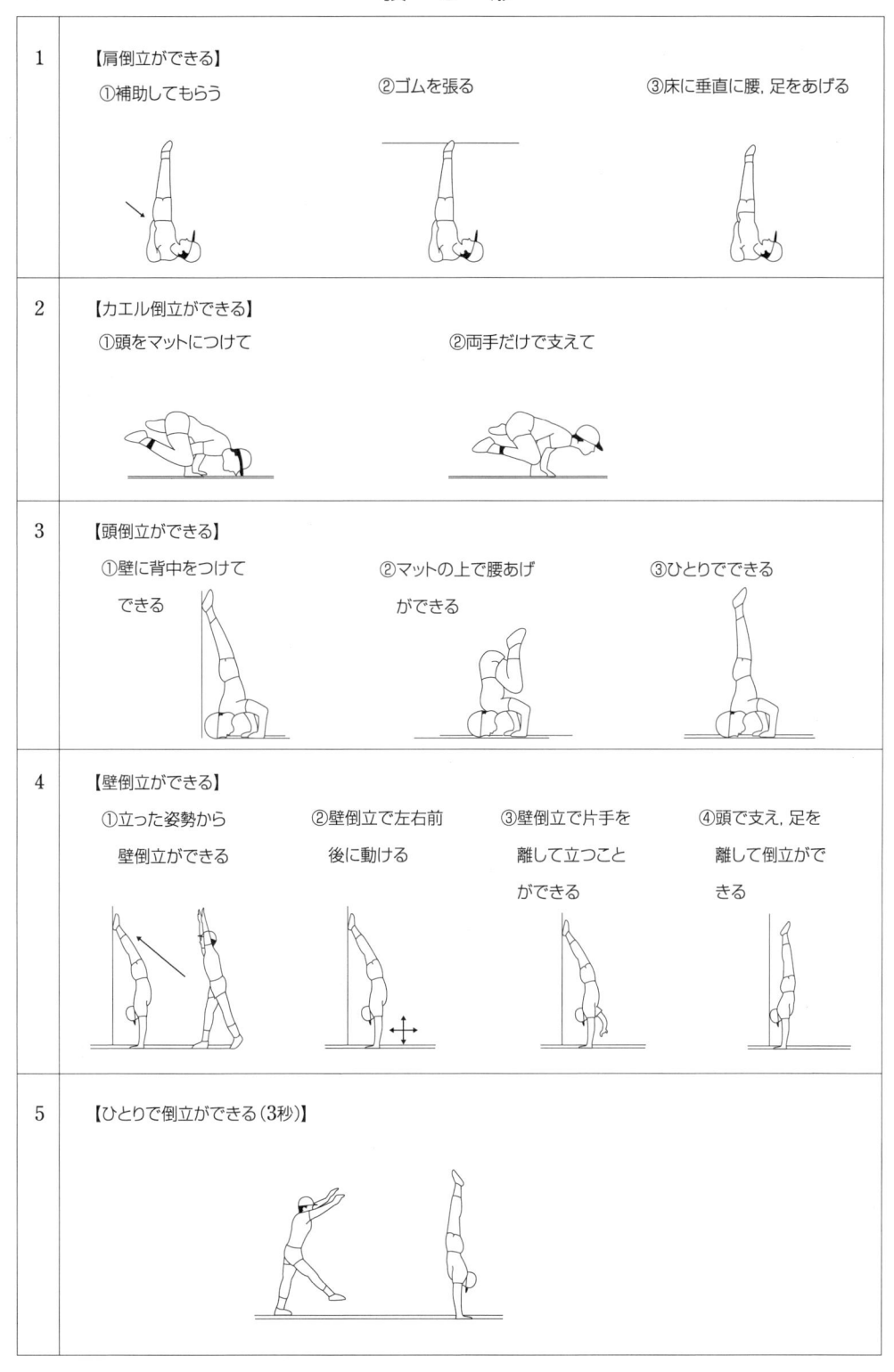

1	【肩倒立ができる】 ①補助してもらう	②ゴムを張る	③床に垂直に腰,足をあげる	
2	【カエル倒立ができる】 ①頭をマットにつけて	②両手だけで支えて		
3	【頭倒立ができる】 ①壁に背中をつけてできる	②マットの上で腰あげができる	③ひとりでできる	
4	【壁倒立ができる】 ①立った姿勢から壁倒立ができる	②壁倒立で左右前後に動ける	③壁倒立で片手を離して立つことができる	④頭で支え,足を離して倒立ができる
5	【ひとりで倒立ができる(3秒)】			

資料3：一般市民を対象とした公開講座の単元計画

1. 単元名：楽しいジョギング教室
2. 指導目標

   ○健康で安全なジョギング・ランニングの方法を学ぶ

   ○心拍数を測定し，科学的なジョギング・ランニングの方法を学ぶ

   ○参加者の交流を深め，ジョギング・ランニング仲間をつくる

3. 期間：10週（1回／週）
4. 対象：市民ランナー（主に中高年）
5. 指導計画

段階	時間	指導内容	指導上の留意点
導入	1	○オリエンテーション ○形態測定 　身長，体重，体脂肪率 ○体力測定 　握力，長座体前屈，反復横とび，立ち幅跳び，20mシャトルラン	○オリエンテーション 1.本講座の目的と今後の予定を説明する 2.講師ならびに参加者の相互理解を図る ○形態・体力測定 1.正しい測定方法で正確に測定する 2.それぞれの項目の測定意義を説明するとともに，一般人との標準値と比較する
展開1（基本練習）	2	○ウォーミングアップ 　ウォーキング 　ジョギング 　体操・ストレッチ ○ビルドアップ走 　8～12kmの距離を徐々に速度を増しながら走行する ○クーリングダウン 　ジョギング 　体操・ストレッチ	○ウォーミングアップ 1.ウォーミングアップの目的や効果を説明する 2.体操，ストレッチはランニングに適した種目を選択し，正しい方法を身につけさせる ○ビルドアップ走 1.ゆっくりとしたペースから速いペースに移行するにつれての走行感覚を認識させる 2.ペースアップに付けなくなった時点で終了する ○クーリングダウン 1.クーリングダウンの目的や効果を説明する 2.クーリングダウンはウォーミングアップに対しておろそかにされがちなので特に念入りに行う
	3	○ウォーミングアップ ○心拍数テスト 　コンコーニ法 ○クーリングダウン	○心拍数テスト 1.心拍数モニターを装着し，コンコーニテストより，各個人に合った目標ペースを設定する 2.測定の目的と方法を十分に理解させる
	4	○ウォーミングアップ ○ペース走 　目標ペースで40～60分 ○ビデオ撮影 ○クーリングダウン	○ペース走 1.心拍計を装着し，測定結果に基づいた目標心拍数でのランニングを行う 2.その時の走行感覚を覚え，心拍計を見なくてもペースを維持できるようにさせる ○ビデオ撮影 1.フォームチェックのためのビデオを撮影する 2.正面，後方，側面の三方向から撮影する 3.カメラを意識せず，普段通りのフォームで走るようにする

	5	○ウォーミングアップ ○ペース走 　目標ペースで30〜40分 ○クーリングダウン ○フォームチェック 　前回撮影したビデオをみる	○ペース走 1.前回と同様に目標ペースを習得させる ○フォームチェック 1.各個人のフォームの特徴を述べ，改善方法を説明する 2.フォームはそれぞれ個性があるので，理想を押しつけるのではなく，個性を伸ばすような指導をする
展開2 （応用練習）	6	○ウォーミングアップ ○動きづくりのトレーニング ○ロング・インターバル走 　1000m×8〜10 ○クーリングダウン	○動きづくりのトレーニング 1.フォーム改善のためのトレーニングを行う 2.どの動きにどのような効果があるかを説明する ○ロング・インターバル走 1.インターバル走の目的と方法を指導する 2.急走時と緩走時の目標心拍数を把握する
	7	○ウォーミングアップ ○動きづくりのトレーニング ○ショート・インターバル走 　400m×20 ○クーリングダウン	○ショート・インターバル走 1.ロング・インターバルとの目的・効果の違いを説明する
	8	○ウォーミングアップ ○動きづくりのトレーニング ○起伏走 　1周2kmの起伏のあるコースを5周から7周走る ○クーリングダウン	○起伏走 1.起伏のあるコースでのランニングを行う 2.上り下りに適した走り方を指導する 3.起伏があっても心拍数の変動はなるべく少なくなるようにペースを調整できるようにする
	9	○ウォーミングアップ ○LSD　2時間 　約20kmの河川敷のランニングコースをゆっくりとしたペースで走る ○クーリングダウン	○LSD　2時間 1.ゆっくりと会話のできる程度の速度で長く走る 2.ゆっくり走ることの効果，重要性を説明し，ペースがあがらないように注意する
まとめ	10	○まとめ（講義） ○修了式	○講義 1.今までの講座内容をまとめ，これからのジョギング生活への助言を行う 2.参加者同士で感想を述べ合う 3.参加者，指導陣との意見交換から次回への課題を考える ○修了式 1.修了証書を授与する

資料4：水泳を例とした単元計画

1. 単元名：水泳〈個人メドレー〉
2. 単元のねらい

    ○個人メドレーの競技が行えるようにする

    ○出発の合図，計時，泳法監察などを行い，審判ができるようにする

    ○泳がないで行う救助や心肺蘇生法を行い，安全な救助法ができるようにする

    ○自己の能力に応じた課題を設定し，進んで練習する態度を養う

3. 指導期間：6～8月，全10時間（夏休みをはさむ）
4. 対象：高等学校第2学年
5. 単元の展開

時間	学習内容と活動	指導上の留意点
第1時限	○学習のねらいや学習課程を理解する ○水泳の心得を理解する	・100m個人メドレーを目指した課題別練習を重点に学習を進めることを知らせる ・課題別練習は自己の能力に適した課題を設定し，自発的・自主的に学習することを強調する ・水泳の心得については，救助法と練習の場の安全について強調する
第2時限	○水慣れ ・もっとも得意な泳法でゆっくり泳ぐ ○既習の泳法の復習と技能の向上 ・各泳法の技能の要点を聞いて練習し，各泳法の泳力と課題を把握する	・今持っている力でリラックスして泳ぐことを中心に指導する ・各泳法を大きな泳ぎで長く泳ぐためには，プル，キックをリズミカルに行うことが大切であることを師範などによって理解させる ・課題学習につなげるために各自の不得意な泳法について，技能上の問題点がどこにあるか互いに指摘，助言し合わせるようにする
第3～6時限	○個人メドレーに向けての課題練習 ○課題別班編成 ・個人メドレーの内容や学習の進め方について理解する ・各自の課題1を設定する ・学習計画を立てる ・班内で役割を決め，練習内容を共通理解する ※課題と練習内容の例 1．各泳法の習得 　プルとキックの動作とそのコンビネーション 2．各泳法の距離を伸ばす 　プル-キック-コンビネーションによるインターバル練習（4～6本）	・記録向上のために不得意な泳法の課題を達成することが大切であることを理解させ，新しい課題に挑戦するよう指導する ・不得意な泳法1つまたは2つについて学習を深めるように指導する ・初めは，コンビネーションに重点を置き，続いて各動作が正しく行えるように指導する ・水中での補助が効果的であることを理解させる ・距離を固定してプル-キック-コンビネーションによるインターバル練習を行い，次第にコンビネーションによる距離を長くするように指導する ・インターバルの時間を次第に短くするようにし，スピードについては，あまりこだわらないよう指導する

	3.各泳法のスピードを高める 　加速性のあるプルとキックによるインターバル練習 ○課題練習 ・課題1達成に向けて練習する ・課題2とその練習内容，方法の設定と練習 ・練習の仕方や課題達成の状況を評価する（自己評価，相互評価） ○潜水 　潜水の要点を聞き，師範を見て練習する	・短い距離（15〜25m）を設定し，最高タイムに近いスピードでのインターバル練習を行う 　インターバルの時間には，ゆとりを持たせる ・課題や練習内容・方法は適切であるか，相互に確認・助言し合いながら学習を進めさせることを強調する ・練習の仕方や課題達成の状況を自己評価する機会を設定する ・課題別練習場所やプールの効果的な使い方を指示する 　学習意欲の喚起につながる評価をさせるために，学習カード等を活用する ・安全な潜水法，水中でのいろいろな身体支配および各泳法のプル，キックとの関連から指導する ・あまり無理をしないように指導する
第7時限	○救助法 ・救助の心得について理解する ・泳がないで救助する方法を練習する ・心肺蘇生法を理解し，練習する ○立ち飛び込み 　前後開脚立ち飛び込みの要点を聞き，師範を見て練習する	・泳いで救助することの危険性を強調する ・救助に用いる用具を工夫し準備する ・安全性と正確さ，即時性，リズムを強調する ・立ち飛び込みの意義や安全性について知らせる
第8〜9時限	○個人メドレー総合練習 ・競泳を目指した個人メドレーの練習の仕方を理解する ・自己の能力に合った各泳法への力の入れ方（どの泳法を強調して頑張るか選ぶこと）やペース配分をつかむ練習をする ・タイムを計る ・競泳における審判法について理解する ・役割分担に従って出発合図，記録の計時，泳法監察，着順，競泳規則違反等の審判法を練習する 　※技能習得の遅い生徒 　　変形個人メドレー： 　　　3泳法で合計100m 　　　得意泳法：50m，他の2泳法：各25m	・4つの泳法の特徴と自己の泳力を合わせて考え，自己のペースをつかむことの大切さを強調する ・各泳法のピッチ数やラップタイムを計測させ，力の入れ方やペース配分との関連を考えさせるように指導する ・記録を向上させるためには，スタートやターンが重要であるとともに，各泳法への力の入れ方とペース配分が大切であることを理解させる ・記録の向上，課題達成の状況を把握し，次の課題設定に役立たせる ・審判は公正さ，正確さが求められることを強調する ・各審判法は練習やタイムトライアルの場を利用して練習し，互いに助言，確認し合うように指導する
第10時限	○個人メドレー記録会 ・記録会を行う（100m個人メドレー） ・記録の発表 ・結果や練習過程，方法について自己評価と反省をする	・役割を分担し，協力して運営させる ・課題の達成状況や練習法，技能等について評価する （単元を通じての記録の伸びを確認させる） ・次年時の見通しを持たせる

資料5：合宿等の季節スポーツの単元計画

1. 単元名：スキー
2. ねらい
   - ○プルークボーゲンができ，他人に迷惑をかけることなく，いろいろな斜面を自由に曲がったり，止まったりできるようになる
   - ○合宿によって共同生活を体験し，友好を深める
   - ○自然を楽しむ
3. 期間：3泊4日
4. 対象：成人男性，初心者
5. 練習計画

時間	指導内容	指導上の留意点
第1日目午後	○オリエンテーション ・諸注意 ・講師紹介 ・班分け	1. 日常生活とは離れたところでの生活となるので，念入りに 2. 班分けではスキー経験，体力を考慮して
	○スキー用具の説明	1. ウェアの着方，寒暖の差に合わせた選択 2. スキー靴の履き方，サイズは合っているか
	○スキーの基本操作 ・スキーの装着方法 ・ストックの持ち方 ・平地で歩く練習 ・起きあがり方 ・プルーク姿勢 ・エッジング	1. 平らで広い所で行う 2. スキー板を履いた感覚，雪面の感覚を体験する 3. 斜面でのスキー操作につながるように
第2日目午前	○スキー操作（緩斜面で） ・立ち上がり方 ・階段歩行	1. 斜面に対して垂直になるようにスキー板をそろえる 2. エッジの役割を理解させる
	○安全な転倒	1. 安全な転倒と起きあがり方を指導する
	○プルーク姿勢による滑降 ・スタートポジション ・重心の位置の確認 ・沈み込み ・スピードの調整	1. プルーク姿勢で斜面に対し垂直に立てるようにする 2. 徐々にエッジを外し，斜面を滑降する 3. 自然にスキーが止まるような所を選ぶ 4. 慣れてくればテールの開閉により，スピードを調整する感覚をつかむ
第2日目午後	○プルーク姿勢による斜滑降	1. 谷足に荷重し，内側のエッジをたて，スキーが流れないようにする
	○谷開き	1. 谷側のスキーのテールを開き，スキーの先端を上に向ける
	○山まわり	1. プルーク滑降から左右どちらかのテールを押し出し，曲がっていく感覚を身につける 2. 左右どちらもできるようにする
	○リフトの乗り方	1. リフトの乗り方，降り方を説明し，もし転倒した場合，すぐにその場を移動することを教える

第3日目午前	○直滑降	1. スピードに慣れる 2. スキー板が平行になるように
	○直滑降からプルーク	1. 直滑降からある程度スピードの出た状態でプルーク姿勢をつくりスピードを落として止まる
	○プルークボーゲン	1. プルークからの山まわりの途中で立ち上がりエッジを外す 2. スキー板がフォールラインを向いたら反対のテールを押し出す 3. 動作がスムーズにリズムよく行えるようにする
第3日目午後	○シュテムターン	1. 斜滑降姿勢から山側スキーのテールを外に押し出す 2. スキー板がフォールラインを向いたら，内スキーを引き寄せる 3. まずは1回ターン，慣れてくれば連続ターンに挑戦する
第4日目午前	○まとめ・テスト	1. プルークボーゲンのテストを行う 2. リズムよく，スムーズに行えているか
	○自由滑降	1. 安全に注意する 2. 講習で使用したゲレンデ以外では滑らないようにする

資料6：参加者を主体においた単元計画

1. 単元名：球技種目全般（種目はサッカー，バスケットボール，バレーボールなど共通に考えることができる）
2. 目標：参加者の実態にあったスポーツの楽しみ方を知る
3. 対象：成人（男・女）
4. 練習計画

過程	学習内容	留意点
1	○オリエンテーション ・全体計画を知る ・グループ編成をする ・メンバー内で自己紹介する	○練習の主体は参加者であることを，十分理解する ○グループ間等質，グループ内異質になるよう考慮する ○仲間のよさを理解しあうよう努める
2	○簡単にゲームの成り立ち（ルール）を理解する ・得点となる条件 ・プレーが継続される条件 ・プレーが中断される条件 　反則条件 　アウト条件 ・プレー開始および中断後の再開の仕方 ・ゲーム終了条件 ・ゲームに必要な人数・施設・用具	○はじめは，ごく簡単に理解し，ゲームをしながら徐々に理解を深めていく ○連盟ルールにこだわることなく参加者のできる範囲のルールにとどめる
3	○グループごとに作戦会議およびゲーム準備 ・過程2に従い簡単な戦術をねる ・戦術に応じた準備・練習をする	○リーダーやポジションを決め役割分担して手ぎわよく行う
4	○ゲーム ・過程2・3に従い簡単なゲームを行う ・ゲーム記録をとる 　触球数・ボール軌跡，1人ひとりの行動軌跡	○チーム内外の人たちに敬意を表する ○仲間うちで審判する ○安全に十分留意する ○ゲーム様相のポイントとなる点を記録する
5	○話し合い（全体で） ・過程4のゲームについて，ルール上不都合な点について，話し合う ・参加者の都合のよいように相手側と協議の上ルールを変更する	○安全に行われたか ○精一杯運動できたか ○みんなでプレーできたか ○接戦したゲームであったか など，ゲームを分析する。上記留意点が満たされるようルール上で考慮する
6	○グループごとに作戦会議およびゲーム準備 ・過程5で決められたルールに従い戦術をねる ・戦術に必要な技術練習をする	○リーダーやポジションを決め役割分担して手ぎわよく行う
7	○ゲーム ・ゲーム記録をとる 　（触球数・ボール軌跡，1人ひとりの行動軌跡など）	○過程5の成果をゲームで発揮するよう努める
8	○整理，反省 ・体の手入れ（整理運動） ・1日の練習内容を整理する ・次回の課題を明らかにする	○グループノートを準備し，1人ひとりの所感を記す ○どのような技を身につけたらよいか課題をもつ

資料7：資料1（単元名「サッカー」）の第2時間目の指導案

1. 単元名：サッカー
2. 本時のねらい：
   ○基本的な練習方法を理解し，ボールコントロールの技能を高める
   ○互いに協力して効果的に練習できるようにする
   ○健康・安全に留意して学習することができるようにする
3. 本時：全12時間の2時間目
4. 展開

	学習の流れ	指導者の働きかけ
導入 10分	1. 集合・整列・あいさつ 2. 目標・課題の確認 3. 準備運動・用具の整備	1. 班長を中心に行動ができるよう助言する 　自他の健康状態を把握できるように確認する 2. 練習の大まかな流れを説明する 3. 協力し工夫して行えるように助言する
展開 33分	4. チーム練習 　1人ボール1個でドリブル練習 　ボールコントロール 　パス 　ミニゲーム 5. 4対4 　勝ち上がりゲーム 　1/4コートを使い，楽しく練習する	4. 個人的技能のレベルを確認しながら適切な方法で行えるよう援助する 　具体例・ドリブル 　　学習カードでは理解できない 　　　↓ 　　技能の高い者に見本を行わせる 5. ドリブルで相手を抜いたり，自由にプレーさせる。チームとして楽しくゲームを行うことが大切だと励ます
まとめ 7分	6. 課題達成・目標の確認 7. 整理運動・後片付け 8. 集合・整列・あいさつ・解散	6. 学習カードを利用し，本時のゲームや練習の結果について反省し評価し合う 7. 班ごとに工夫して行うよう助言する 　自主的に協力し合えるよう援助する 8. 班長中心に行動できるよう助言する

資料8：資料3（単元名「楽しいジョギング教室」）の第1時間目の指導案

1. 単元名：楽しいジョギング教室
2. 対象者：中高年市民ランナー40名
3. 期間：10回（週／1回）
4. 本時の指導：第1回（120分）
5. 本時の目標：本講座の全体にわたっての注意点，流れを説明する
　　　　　　　形態測定，体力測定を行うことにより，自己の体力の現状を把握する
6. 指導の場所：陸上競技場
7. 準備物：配布資料，形態測定器具，体力測定器具，心拍数モニター，筆記用具
8. 指導の展開

時間	学習内容・学習活動	指導上の留意点
20分前	受付開始 受講生更衣 資料配付 アンケート記入	受付，更衣室への案内を行う アンケートの記入上の注意点を説明する
10分	開講式 　オリエンテーション 　あいさつ，講師紹介	本講座の目的，今後の流れ，注意事項等を説明する 講師と参加者の相互理解を深める
25分	形態測定 　身長，体重，体脂肪率	測定は正しい方法で正確に行う
20分	ウォーミングアップ 　ランニング 　ストレッチングと体操	最初は歩行から入り，ゆっくりとしたランニングを行う ランニングに適した種目を選び，正しい方法を身につけさせる
30分	体力測定 　握力，長座体前屈，反復横とび，立ち幅跳び，上体起こし	正しい方法で正確に行う 各測定がスムーズに行えるよう誘導する
20分	20mシャトルラン	安全面を考慮して，参加者の競争心を煽らないようにする
10分	クーリングダウン 　ランニング 　ストレッチングと体操	クーリングダウンはウォーミングアップに比べ，おろそかにされがちなので特にその重要性を説明する
5分	まとめ	今日の講座内容をまとめ，次回の連絡事項を伝える

資料9：資料4（単元名「水泳〈個人メドレー〉」）の第8時限の指導案

1. 単元名：水泳〈個人メドレー〉
2. 本時の指導：全10時限の第8時限
3. 本時のねらい

   ○自己の能力に適したペースで個人メドレーを泳げるようにする

   ○協力して，個人メドレーの審判ができるようにする

4. 主な内容

   ○各泳法への力の入れ方（どの泳法を強調して頑張るか選ぶこと）と

   　ペースの配分

   ○出発合図，計時，泳法監察などの審判法

5. 学習の展開

段階	時間	学習内容	学習活動	指導上の留意点
はじめ	20分		・本時のねらい，内容，学習の流れを聞き理解する ・審判の役割や内容，方法について説明を聞き師範を見て理解する ・個人メドレーの方法や練習の要点を聞き理解する	個人メドレーの総合練習と審判法の練習を同時に展開する授業の流れを説明し，グループ間の協力が特に必要であることを理解させる ・各審判に位置関係や審判の方法について，具体的な場を設定し，いろいろな事例を示して理解させる ・個人メドレーは，不得意泳法やターンの習得にかなりの力を必要とするので，そうした要因を考慮した各泳法への力の入れ方やペース配分が課題であることを十分理解させる
なか	25分	審判と個人メドレーの総合練習	グループごとに個人メドレーと審判の練習のローテーションおよび相互確認の方法などについて決定し，それに基づいて練習する （審判法） 出発合図 計時　監察　着順 競技規則違反 （個人メドレー） 課題，目標タイムを互いに確認し合いペースの練習をする ・練習タイムの計測	・審判法 出発合図　全員が構え静止した瞬間と合図のタイミングおよびフライングした時の合図 計時　出発合図（音煙）と時計の始動との関わり，タッチの確認位置，姿勢 着順　判定の位置とゴールタッチの確認 監察　監察位置 　　　泳法（手，足などの動作と身体の位置，ターン，ゴールタッチ） 個人メドレー ・各泳法のピッチ，ラップタイムと記録との関連に留意して行わせる ・学習カード等に記録し，達成の状況を確認するようにさせる ・各泳法とターンへの力の配分およびペース配分に留意して行わせる（審判の判定や記録，ペース配分上の問題点などについて注意したり，相互に助言し合っている内容が適切であるか確認する）
まとめ	5分	反省と評価	・練習の方法や成果，課題についてグループごとに話し合う ・次時の予定を聞く	・練習の内容や方法について評価し，示唆を与える 　教師の評価 　自己評価 　相互評価 ・個人メドレーの練習に重点を置きタイムトライアルも行うことを知らせる

まとめ

○単元について

1. 単元計画の作成は，①単元の全体性・統一性，②単元目標の明確化，③学習者の主体性，④学習者が自己表現できる場の設定，⑤学習者の個性や個人差に注意して作成されなければならない。
2. 単元計画は，①単元名，②単元目標，③指導期間・回数・時間，④対象，⑤展開，⑥評価の項目を作成しなければならない。
3. 単元の展開の基本は，縦欄に導入（はじめ），展開（なか），整理（まとめ）の項目を，横欄に段階，時間，学習内容，学習活動，指導上の留意点，評価の観点等の項目をおく。

○指導案について

1. 指導案は日案や時案ともいわれ，1回の指導における計画を表したものである。
2. 指導案の内容は①ねらい，②指導場所，③指導の内容，④学習者の活動，⑤準備物，⑥指導上の留意点，⑦評価の観点等がある。
3. 指導案の展開の基本は，縦欄に導入（はじめ），展開（なか），整理（まとめ）の項目を，横欄に学習者側の項目（学習内容，学習活動等），指導者側の項目（指導上の留意点，指導者の働きかけ等）の項目を書く。
4. 学習者側の欄には，学習の時間的流れにそって，学習者の実際の行動がわかるように書く。また，学習者の立場での文末表現にする。
5. 指導者側の欄では，学習内容や活動と重複しないように，指導者側の個別の手立てや留意点について書く。

● 重 要 語 句 集 ●

■ ア 行

語句	ページ
アイソメトリック	35
アデノシン三リン酸	40
安全性の確保	50
移行期	26
意識性	5
意識性の原則	55
異質集団	65
1回完結型	7
一斉指導	7,63
インターバルトレーニング	42
ウォーミングアップ	57
運動処方	56
ATP	40
ATP-PC機構	40
エキセントリック	35
遠心性収縮	36
オリエンテーション	102

■ カ 行

語句	ページ
カウンセリング	5
求心性収縮	36
強度（質）	29
協同支援型	9
期分け	25
筋持久力の向上および筋肥大の段階	26
筋力	33
筋力強化の段階	26
クーリングダウン	57
下り坂走	45
グループ指導	7,65
公共スポーツ施設	81
行動体力	54
高齢期	52
コーチング	10
個人差	98
個人的種目	53
個性	98
個別指導	7,67
個別性	5
個別性の原則	55
コンセントリック	35
コンディショニング	57

■ サ 行

語句	ページ
試合期	26
時案	102
持久力	33
思春期	51
指導案	102
児童期	51
ジャンプトレーニング	45
集団的種目	53
集中練習	53
柔軟性	33
準備期	26
生涯スポーツ	3,79
伸張性	35
伸張性収縮	36
随時指導型	8
スキャモンの発育曲線	11
スピード	33
スプリントアシステッドトレーニング	45
スポーツクラブ	76
スポーツ実施率	77
スポーツ指導	50
スポーツ少年団	77
スポーツ人口	61
生活習慣病の増加	52
青春期	51
成人期	52
静的可動域	33
静的ストレッチング	33
整理	99,100
セパレートネット	90
全習	6,54
漸進性	6
漸進性の原則	55
全天候型	84
先導型	8

全面性	5
全面性の原則	55
相対的種目	53

■タ 行

対象	99
対人的種目	53
体力の分類	54
ダウンヒルランニング	45
段階的指導	7
単元	98
単元の指導回数	99
単元の指導期間	99
単元の指導時間	99
単元の展開	99
単元の評価	99
単元名	98
単元目標	99
短縮性	35
短縮性収縮	36
地域コミュニティ	79
中年期	52
超回復	45
ティーチング	10
適正人数	68
展開	99,100
等質集団	65
等尺性	35
等尺性収縮	35
動的可動域	33
動的ストレッチング	33
導入	99,100
特異性	28

■ナ 行

なか	100
日案	102
乳酸性機構	40
能力別班編制	65

■ハ 行

はじめ	100
発育期	51
パワー	33
パワー強化の段階	26
反復性	5
反復性の原則	55
反復練習	6
班別指導	64
ピーク	29
ピット	89,93
ピリオダイゼーション	25
フィードバック	5,98
プライオメトリックス	36
分散練習	53
分習	6,54
分類	54
放任型	9

■マ 行

マクロサイクル	26
まとめ	100
マンツーマン指導	67
ミクロサイクル	26
無酸素性トレーニング	40
メゾサイクル	26
メディカルチェック	101
燃えつき症候群	2

■ヤ 行

有酸素性機構	40
有酸素性トレーニング	40
幼児期	51

■ラ 行

罹患者数の増加	52
量	29
レクリエーション	17
レディネス	99
レペティショントレーニング	42

〈著者紹介〉　　執筆順，＊印編者

＊三村寛一（みむら・かんいち）

　1946年生まれ
　1971年　大阪教育大学教育学部卒業
　1972年　大阪教育大学教育専攻科（体育）修了
　1976年　東京教育大学大学院体育学研究科修士課程体育学専攻修了
　1990年　学術博士（大阪市立大学）取得
　現　在　大阪教育大学教育学部保健体育教育講座教授
　　　　　大阪教育大学附属池田中学校校長
　　　　　大阪教育大学附属高校池田校舎校舎主任
　　　　　東北師範大学客員教授
　　　　　同済大学指導教授
　［主要著作］
　『健康・スポーツの科学──幼児から高齢者まで──』（編著）明伸社，1992年
　『青年の健康と運動』（共著）現代教育社，1995年
　『小児のスポーツ科学』（翻訳）金芳堂，1997年
　『健康の科学』（共著）金芳堂，1999年
　『健康・スポーツの科学』（編著）嵯峨野書院，2006年
　他多数

野中耕次（のなか・こうじ）　　　第1章

　1954年生まれ
　1976年　大阪体育大学体育学部体育学科卒業
　1996年　大阪教育大学大学院教育学研究科健康科学専攻修士課程修了
　現　在　大阪聖徳学園社会体育専門学校准教授
　　　　　大阪聖徳学園社会体育専門学校附属健康科学研究所副所長
　　　　　大阪教育大学非常勤講師
　［主要著作］
　『健康・スポーツの科学──幼児から高齢者まで──』（共著）明伸社，1992年

仲田秀臣（なかた・ひでおみ）　　第2章

　1965年生まれ
　1988年　日本体育大学体育学部体育学科卒業
　1990年　大阪教育大学大学院修士課程教育学研究科保健体育専攻修了
　現　在　大阪産業大学人間環境学部文化環境学科准教授
　［主要著作］
　『健康・スポーツの科学──幼児から高齢者まで──』（共著）明伸社，1992年

池谷茂隆（いけたに・しげたか）　第3章

　1954年生まれ
　1977年　大阪体育大学体育学部体育学科卒業
　1997年　大阪教育大学大学院修士課程教育学研究科健康科学専攻修了
　現　在　（財）健康管理・開発センター事業部長
　　　　　大阪教育大学非常勤講師
　［主要著作］
　『健康・スポーツの科学──幼児から高齢者まで──』（共著）明伸社，1992年

佐藤光子（さとう・みつこ）　　　第4章
　1962年生まれ
　1985年　大阪教育大学教育学部体育学科卒業
　1987年　大阪教育大学大学院修士課程教育学研究科保健体育専攻修了
　現　在　大阪教育大学ほか非常勤講師
　［主要著作］
　『健康・スポーツの科学――幼児から高齢者まで――』（共著）明伸社，1992年
　『今日からはじめる実践ランニング読本』（共著）山海堂，2001年

前田　茂（まえだ・しげる）　　　第5章
　1959年生まれ
　1983年　大阪教育大学教育学部体育学科卒業
　2000年　大阪教育大学大学院修士課程教育学研究科健康科学専攻修了
　現　在　社団法人メディカル・フィットネス協会事務局長
　［主要著作］
　『健康・スポーツの科学――幼児から高齢者まで――』（共著）明伸社，1992年

鳥嶋勝博（とりしま・かつひろ）　　　第6章
　1972年生まれ
　1995年　大阪教育大学教育学部教養学科スポーツコース卒業
　1998年　大阪教育大学大学院修士課程教育学研究科健康科学専攻修了
　現　在　京都医健専門学校講師
　［主要著作］
　『今日からはじめる実践ランニング読本』（共著）山海堂，2001年

スポーツ指導論〈やさしいスチューデントトレーナーシリーズ　6〉　　《検印省略》

2002年5月31日　第1版第1刷発行
2005年7月31日　第2版第1刷発行
2008年3月31日　第3版第1刷発行

　　　　監　修　社団法人　メディカル・フィットネス協会
　　　　編　者　三　村　寛　一
　　　　発行者　中　村　忠　義

　　　　発行所　嵯　峨　野　書　院
　〒615-8045　京都市西京区牛ヶ瀬南ノ口町39　電話（075）391-7686　振替 01020-8-40694

Ⓒ　Medical Fitness Association, 2002　　　　　　　創栄図書印刷・藤原製本

ISBN978-4-7823-0357-3

　Ⓡ〈日本複写権センター委託出版物〉
　本書の全部または一部を無断で複写複製（コピー）することは，著作権法上での例外を除き，禁じられています．本書からの複写を希望される場合は，日本複写権センター（03-3401-2382）にご連絡下さい．

やさしい スチューデント トレーナー シリーズ

1 スポーツ社会学
八木田恭輔 編
B5・並製・114頁・1995円（本体1900円）
- 第1章 社会体育の基本的な考え方
- 第2章 スポーツと社会
- 第3章 スポーツと文化
- 第4章 スポーツと組織活動
- 第5章 地域とスポーツ活動

2 スポーツ心理学
中雄 勇 編
B5・並製・180頁・2520円（本体2400円）
- 第1章 スポーツ心理学の内容
- 第2章 スポーツと認知・反応
- 第3章 スポーツ技能の学習
- 第4章 スポーツ技能の指導
- 第5章 スポーツの動機づけ
- 第6章 スポーツと発達
- 第7章 スポーツ集団の構造と機能
- 第8章 スポーツマンの性格と態度
- 第9章 スポーツの心理的効果
- 第10章 スポーツ・カウンセリング
- 第11章 スポーツコーチの仕事

3 スポーツ生理学
三村寛一 編
B5・並製・134頁・2310円（本体2200円）
- 第1章 身体の構造
- 第2章 身体の機能
- 第3章 スポーツトレーニング
- 第4章 トレーニングに伴う効果
- 第5章 バイオメカニクス
- 第6章 筋力トレーニングの基礎
- 第7章 トレーニング環境の整備とその活用について
- 第8章 ナショナルトレーニングチームづくりとその競技力アップトレーニング計画
- 第9章 海外遠征の諸問題とその対応

4 スポーツ医学
藤本繁夫・大久保 衞 編
B5・並製・186頁・2625円（本体2500円）
- 第1章 スポーツと健康
- 第2章 スポーツ選手の健康管理
- 第3章 スポーツによる内科的な障害
- 第4章 特殊環境下でのスポーツ障害とその予防
- 第5章 スポーツ選手におこりやすい外傷・障害とその予防
- 第6章 スポーツ外傷・障害後のトレーニング
- 第7章 コンディショニング
- 第8章 遠征でのスポーツ医学
- 第9章 スポーツと嗜好品, サプリメント, 薬物
- 第10章 救急処置

5 スポーツ栄養学
奥田豊子 編
B5・並製・160頁・2520円（本体2400円）
- 第1章 健康と栄養
- 第2章 食品・栄養と運動
- 第3章 栄養素の消化・吸収
- 第4章 エネルギー代謝
- 第5章 日本人の食事摂取基準
- 第6章 身体組織, 肥満とウエイトコントロール
- 第7章 スポーツのための食事学
- 第8章 水分補給と補助食品

6 スポーツ指導論
三村寛一 編
B5・並製・136頁・2205円（本体2100円）
- 第1章 スポーツ指導の意義と目標
- 第2章 トレーニング計画とその様式
- 第3章 指導段階とその設定
- 第4章 指導形態と適正人数
- 第5章 指導施設の選択と用具の準備
- 第6章 指導計画作成の実際

7 アスレティック・リハビリテーション
小柳磨毅 編
B5・並製・216頁・2993円（本体2850円）
- 第1章 アスレティック・リハビリテーション総論
- 第2章 部位・疾患別リハビリテーション
- 第3章 種目特性とリハビリテーション

8 コンディショニング
小柳磨毅 編
B5・並製・148頁・2415円（本体2300円）
- 第1章 コンディショニング
- 第2章 ストレッチングの実際
- 第3章 PNFの実際
- 第4章 関節モビリゼーションの実際
- 第5章 スポーツマッサージの実際
- 第6章 アイシングの実際
- 第7章 コンディショニングのための測定法

9 テーピング
髙木信良 編
B5・並製・112頁・2310円（本体2200円）
- 第1章 テーピングとは
- 第2章 テーピングを実施する前に
- 第3章 テーピングの基本テクニック
- 第4章 基本となる巻き方
- 第5章 応急手当のテーピング
- 第6章 再発予防のテーピング